S0-CID-961

GASPÉSIE REBELLE ET INSOUMISE
de Sylvain Rivière
est le cent trente-quatrième ouvrage
publié chez
LANCTÔT ÉDITEUR.

GASPÉSIE REBELLE ET INSOUMISE

Œuvres récentes du même auteur

POÈTES EN QUÉBEC, anthologie de poésie, Éditions Guérin littérature, 1995

SUR LA TÊTE DE L'EAU, intégrale théâtre, Éditions Guérin littérature, 1995

LA BELLE EMBARQUÉE, roman, Éditions Alfil, 1996

MUTANCE, poésie, Éditions d'Acadie, 1996

LA MER PORTEUSE, théâtre, Éditions Humanitas, 1996

ON PEUT PAS TOUT DIRE, récit, Éditions Tryptique, 1997

« LE VENT PORTANT » *in* PIÈCES DE RÉSISTANCE EN QUATRE SERVICES, théâtre, Éditions Trois-Pistoles, 1997

« II NOUS FAUDRA » *in* L'INSTINCT FAROUCHE, poésie, Éditions Humanitas, 1997

L'ÂGE DES MARÉES, théâtre, Éditions Humanitas, 1997

LOCURI ANUME, poésie, Éditions Libra, 1997

LA SAISON DES QUÊTEUX, contes, Éditions Trois-Pistoles, 1997

LIEUX-DITS, poésie, Éditions du Vermillon, 1998

CHANTER SANS AVOIR L'AIR, chansons, Éditions Humanitas, 1998

MIGRANCE, POÉSIE, Éditions Trois-Pistoles, 1998

ABÉCÉDAIRE DE LA MER, Éditions Grandir, 1999

DANS LE SILLAGE DES DÉCOUVRANCES, Éditions Humanitas/La Boussole, 1999

ÂGE, VIE, MÉMOIRE, album pour l'année internationale des personnes âgées, Éditions Anne Sigier, 1999

UNE BOUSSOLE À LA PLACE DU CŒUR, entretiens, Éditions Trois-Pistoles/Radio-Canada, 1999

LE LIMON DES ORIGINES, théâtre, Éditions Humanitas, 2000

Sylvain Rivière

GASPÉSIE
REBELLE ET INSOUMISE

préface de Jasmine Dubé

LANCTÔT
ÉDITEUR

LANCTÔT ÉDITEUR
1660A, avenue Ducharme
Outremont, Québec
H2V 1G7
Tél. : (514) 270.6303
Téléc. : (514) 273.9608
Adresse électronique : lanedit@total.net
Site Internet : www.lanctotediteur.qc.ca

Photo de la couverture :
Charles E. Bernard

Maquette de la couverture :
Stéphane Gaulin

Mise en pages :
Folio infographie

Distribution :
Prologue
Tél. : (450) 434.0306/1.800.363.2864
Téléc. : (450) 434.2627/1.800.361.8088

Distribution en Europe :
Librairie du Québec
30, rue Gay-Lussac
75005 Paris
France
Téléc. : 43.54.39.15

Nous remercions le Conseil des arts du Canada et le ministère du Patrimoine canadien de l'aide accordée à notre programme de publication. Nous remercions également la SODEC, du ministère de la Culture et des Communications du Québec, de son soutien.

«J'ai pris la marche vers la mer comme une illustration de cette quête errante, aimantée toujours par l'attrait même de son insoumission... »

SAINT-JOHN PERSE

Entre la chair et l'âme
de sa quête d'absolu

Q<small>UAND</small> D<small>ORIS</small> D<small>UMAIS</small> *m'a demandé un beau jour de dire,*
à la radio de Radio-Canada Rimouski, Gaspésie
rebelle et insoumise, *j'ai su tout de suite, en entendant le*
titre, qu'on ne saurait mieux définir ma Gaspésie: belle et
insoumise. Et belle encore. Et rebelle. J'ai accepté avec
empressement. Qui mieux que Sylvain Rivière pouvait la faire
couler sur papier, notre Gaspésie, lui, le rebelle et l'insoumis
jusqu'à la plume, jusqu'à la moelle, jusqu'à son nom même
qui évoque les forêts sauvages et les cours d'eau? Sylvain
Rivière, le poète et le conteur. L'homme de lettres et l'homme de
mer. Le voyageur solitaire et le coureur de grands chemins
portant dans son baluchon un petit Guillaume, gossé au coin
du feu par Adelme Porlier, duc du Chikanki, « un autre
quêteux, encore plus merveilleux qui, sans le savoir,
changerait le cours de ma vie...»

J'aime les mots de Sylvain Rivière. Je m'y love. Je me laisse
porter par cette parlure au goût de sel et de petits fruits. Ses
mots sont enveloppants, goûtants, odorants, remplis d'effluves
marins mariés aux parfums des fleurs sauvages et du
sapinage. Ses mots sont des lièvres qui courent dans les sous-
bois et des truites qui sautent et frétillent. Ses mots à lui: des

veinures de salange, des voiles miounnées, des pieds-de-vent, de la ventraîche, de l'arboutarde, des forni-mousses, des amourachures de canicules et de frimas...

Que j'aime ces mots-là! Et comme il sait bien rendre mon enfance de saumure et d'eau douce, Sylvain Rivière. Le chant de ma rivière, ma Matapédia. Mes saumons. Mes truites de ruisseaux. Nobles poissons et menu fretin. Mes petites fraises des champs. Mes montagnes. Ma Gaspésie. Je me l'approprie, sachant qu'elle ne m'appartient pas. Je suis plutôt sa fille. Partie vivre en ville comme bien des Gaspésiens qui, dit-on, sont plus nombreux à Montréal qu'en Gaspésie (on n'a pas besoin de nous faire un dessin pour savoir pourquoi...), j'y reviens toujours. Et la distance me la fait rêver. Ma rebelle, mon insoumise à qui on a fermé des villages et volé des clochers. Mais elle n'a pas cédé. On lui a enlevé des usines, on lui a fermé des mines. Elle tient bon, rebelle comme un petit village gaulois. Elle résiste. Si riche et si pauvre à la fois.

> ... la pauvreté, c'est relatif. Si les Gaspésiens étaient reconnus pour leur pauvreté, ils étaient riches sur bien d'autres plans. Si l'argent était rare, la mer était poisson-neuse comme nulle part ailleurs et avec leur vaillantise, les hommes creusaient le large d'une étoile à l'autre pour en extraire la pitance du jour.

Il m'aura donné du fil à retordre, Sylvain Rivière, avec ses mots comme des écorchures et ses envolées longues comme la 132 de Sainte-Flavie et à Sainte-Flavie: avec des bouts droits, des croches, des côtes, des vallons, des points de vue à couper le souffle, des falaises, des anses, des villages, des vagues... Comment rendre tout l'espace contenu dans ses écrits et laisser couler ces images immenses, ces décors géants, ces horizons de mer et de ciel si bleus, cette sauvage beauté du pouce du Québec sur la carte géographique? Sylvain Rivière écrit «au meilleur de son cœur» et *c'est au cœur du paysage que je suis allée puiser.*

«... je me suis souvenu qu'Adelme écrivait des poèmes et je me suis mis à rêver du jour où j'en ferais autant.» *Tel son* «Adelme gosseux et sculpteur du temps», *Sylvain Rivière fait flèche de tout bois quand il parle de sa Gaspésie comme d'un royaume qui a traversé les siècles et les glaciations.* «La petite Bretagne, la Floride des pauvres...» *Un pays beau comme le jour et dont on n'a jamais fini de faire le tour, à l'endroit ou à l'envers. Et des gens fiers qui l'habitent. Des vaillants, des débrouillards.*

> Pour moi, il était déjà clair que les véritables héros, ce n'était pas dans les films que je pouvais les trouver, mais bien dans mon entourage. Ils étaient pêcheurs de métier, mères de 18 enfants, quêteux, sages-femmes, *lumberjacks*, journaliers, forts-en-gueule ou sourds-muets de naissance...

Et tous ces autres, tissés dans la catalogne gaspésienne, de Jacques Cartier et ses comparses, qui se sont pris les pieds dans ses beautés, aux autochtones qui les ont accueillis. Qui étaient les vrais sauvages? demande Sylvain Rivière. Et ces Jersiais, ces marchands avides qui ont pris les habitants à la gorge. Et les quêteux qui sillonnaient la péninsule.

> Par ces quêteux, nous avions l'impression, nous, enfants gaspésiens, d'accéder au merveilleux, au mythique, à l'aventure, nous qui avions rarement dépassé les limites du village. Il faut dire que si les quêteux étaient de fins causeurs et de grands conteurs, ils étaient avant tout des personnages surgis tout droit du grand théâtre de la vie.

Quand un quêteux réchauffe le cœur des enfants poètes et des anciens enfants en insufflant la vie à un petit Pinocchio gossé à même une bûche de bois, n'est-ce pas la vie qui est plus forte que tout ? «La première fois de ma vie que j'ai entendu parler de poésie, que j'ai entendu le mot *poème*, j'avais cinq ans, à Pointe-Bourg, en Gaspésie.»

Quand Sylvain Rivière m'a demandé, ce matin d'hiver du nouveau millénaire, d'écrire cette préface, il a réveillé ma fibre gaspésienne et le saumon qui sommeille en moi. «Je t'aime ma Gaspésie d'autrefois, de jadis, d'hier, d'aujourd'hui... d'amour et d'avenir...»

Pour m'avoir fait entrer dans ton univers et découvrir mon pays de si belle manière, pour m'avoir ouvert ton cœur à son meilleur et m'avoir confié l'étincelle qui a embrasé ton immense talent, la source de ta quête sans fin, ce petit Guillaume, l'œuvre d'un quêteux qui t'a tant bouleversé et qui me bouleverse à mon tour, je te dis: Poursuis ta quête, mon Sylvain. Poursuis ta quête, mon Rivière. Sillonne l'univers avec ton baluchon d'histoires et sème les petits Guillaume sur ton passage. Et comme la leçon apprise de ton quêteux préféré, tu diras, et moi avec toi:

La leçon qu'il m'en reste, c'est qu'il faut demeurer authentique, avoir des gestes gratuits, envers et contre tous, contre vents et marées, s'il le faut, continuer de faire sa propre trace qui suit rarement celle des autres. Il faut habiter son rêve sa vie durant avec ses yeux d'enfant, ne jamais laisser un gérant de banque hypothéquer ce rêve, savoir qu'il n'appartient jamais qu'à soi-même, entre la chair et l'âme de sa quête d'absolu.

Bonne route !

JASMINE DUBÉ

À la douce mémoire des Gaspésiens d'hier
À la lucidité de ceux d'aujourd'hui
De même qu'à ses visionnaires de demain
Pour la continuité...
Dans les siècles des siècles...

S. R.

Prologue

DE BIEN PLUS LOIN que mes avant-vies, mes mémoires pierreuses, la mer a toujours coulé dans mes veinures de salange en chemin pour l'océane naissance menant tout droit au pays intérieur duquel on ne revient jamais tout à fait, sinon dans l'ailleurs de soi...

Depuis mes branchis de saumure jusqu'au matin de ses sources, je n'eus de cesse d'en chanter les vagabondes marées fleuries d'écume et de hauts-fonds au large de ses destinées mouilleuses d'anses par trop fécondes...

D'en dire l'espérance du grand large sur des airs de chansons de marine à voiles miounnées sur les gaillards d'avant de si tant de bailles flottantes sur tous les hémisphères.

De tenter au meilleur de ma connaissance de la garder vivante au chaud d'elle-même, loin dépassé les glaciers des dérivances crevant leurs eaux à ouèsse de la baie des Chaleurs.

De la garder à flot, à terre d'elle-même pour mieux renaître à ses écumances de vent d'est au galet de ses souveraines appartenances de mortes mers claquant au vent de sa misaine.

D'en boire l'écume généreuse aux hanches utérines de ses membrures côtières remontant les rives péninsulaires d'une presqu'île à gésir par degrés et longitude, mouillée au beau mitan du golfe Saint-Laurent.

D'en prolonger la mémoire séculaire par-delà les rumeurs d'échoueries et l'âpre solitude de la baleine à bosse à même le tumulte des profondeurs.

Pour la remettre enfin à la rame, à la godille, à la voile, pour creuser l'horizon aux côtés des explorateurs d'auparavant, chercheurs de passages de métier, occupés aux découvrements, naviguant à l'estime, au sextant, à l'astrolabe, guidés par la bonne étoile logée dans l'œil des pieds-de-vent.

Pour naviguer à l'estime de soi aux autres, en des marées d'éternité brumasseuses gréant à jamais les rondeurs de la lune, d'équinoxes en quartier et de décours en transparence.

Pour garder l'accent d'un langage vivant dépassé le polissage des pierres de petites eaux, le sel des survivances, la suerie des graves et les boucaults de l'exploitation.

Pour ses allures faites de rudesse et de générosité, façonnées par des siècles de morues vertes, de merluches et de conquête silencieuse.

L'appareillage ne sait que très peu de choses du voyage en cours, puisque ce sont les courants qui dessinent les cartes marines.

La traversée sait en reconnaître les ailures plombées des grands bancs qui ne l'ont jamais trompée depuis la nuit des temps de ses premières avancées moutonneuses.

Quant à l'accostage, il rejoint plus souvent qu'autrement la conquérance et ne se fait à peu près jamais sans heurts.

Ici comme ailleurs, hier comme aujourd'hui, les vrais sauvages ne sont que très rarement ceux que l'on pense.

Qu'en cette traversée de Gaspésie rebelle et insoumise, les vents vous soient favorables jusqu'à l'ancrage du pays à faire croisant encore aux horizons de nous dire au fin bout des poignets usés de ramer vers la liberté... sachant d'instinct l'espace à parcourir...

1
L'arrière-pays

Gaspésie à venir...
Je te salue
Sache que je t'aime à tous les temps
Que je n'ai jamais rien eu à vendre
Et que nos fidélités n'étaient point étrangères...

Gaspésie mon trou dans le menton
Mon mal du pays ridé de désappartenance
Ma désirance, ma cambuse morphologique
Tapis volant échoué sur la corde à linge du temps
Vaisseau fantôme brûlant plus que jamais
Au large du pays à faire...

Ma trop belle Gaspésie d'amour, je t'écris pour te dire que je t'aime à tous les temps. Au présent de notre passé à venir.

Que je t'aime à tous les vents, d'est, d'ouest, de suroît et de nordet, qui nous ont fait perdre la côte, le large de notre destinée de sel et de durance si souvent, pour en revenir un peu plus démunis d'une fois sur l'autre.

Que je t'aime avant tout pour l'invisible racine sous-marine qui me relie à tes courants intérieurs chargés de me garder vivant dans la descendance à fleurir que tu portes en toi comme un cadeau du Bon Dieu contre vents et marées.

Je t'aime pour l'extrême ignorance que j'ai de tes arrière-pays. Le petit peu que j'en sais, c'est ce que l'on m'en a dit, ce que les livres en ont déduit, puisque je n'étais même pas dans l'idée de mon père que tu promenais déjà ta dégaine aux quatre coins des continents mécréants.

Ce que j'en sais pour tout partage, c'est que tu es née de la roche mère, ce grand massif central surélevé d'où émergent les monts Chic-Chocs, point terminal des Appalaches dont l'autre extrémité rejoint l'Alabama.

Que malgré ta grande humilité et l'oubli des gouvernements successifs, tu es probablement la première région du Québec à avoir connu la présence humaine, car il y a des milliers d'années, bien avant la construction des grandes pyramides d'Égypte, des humains habitaient la Gaspésie.

Qu'au cours de la période de glaciation datant de 60 000 ans, la couche de glace était si épaisse qu'elle rendait impossible toute végétation, faune et encore moins présence humaine.

C'est ainsi que les premiers habitants seraient venus d'Asie, en traversant le détroit de Béring, point le plus près de l'Amérique, à la poursuite de troupeaux de gibier.

Avec le recul des glaciers, les régions océanes se libérèrent pour accoucher d'une présence végétale, animale et finalement humaine, dont descendrait l'illustre *Gaspesianus anonymus* d'aujourd'hui.

Tes sols regorgeaient déjà de grainages aussi fabuleux que généreux, à commencer par les baies sauvages, le gibier martelait la terre, la poissonnure de tes eaux remontait les frayères par derrière la roche des hautes terres, ton ventre minier regorgeait déjà de générosité, le chert et l'argile siliceuse ne demandaient qu'à être travaillés par les mains pierreuses de tes premiers habitants.

Tes falaises de fossiles, s'étalant de La Martre à Miguasha, portent en leurs ventres de patois notre passé tranchant de plantes à l'épine dorsale de poisson dont descend le requin d'aujourd'hui, ta parenté fossilifère avec le Groenland, la Pologne et l'Afrique du Nord-Ouest remonte à la rencontre des continents à la fin de l'époque dévonienne.

T'en aura-t-il fallu temps et de la patience, près de 500 millions d'années, pour faire passer la colonne vertébrale à la position horizontale chez les poissons et verticale chez les humains.

Comment expliquer alors, après tant de siècles, d'années, de jours, ce mal que le pays se donne pour apprendre à se tenir debout?

Quand ton relief et tes vents ont donné aux plantes la résistance de survivre. Quand le chardon de Mingan, la vergerette composée, le sainfoin alpin courtisent la parenté arctique à commencer par la camarine, l'armerie, la saxifrage pourpre et la descendance du golfe comme le pâturin des sables et la grande puccinelle.

Comment expliquer que la préhistoire de la Gaspésie, que les savants nomment «l'archaïque gaspésien», se termine vers le VIIIe siècle, et que la péninsule sera à nouveau désertée pour des raisons inconnues jusqu'au XVe ou XVIe siècle, alors que diverses nations amérindiennes, dont les Micmacs, l'occuperont en permanence ou de façon saisonnière.

Cependant que le pays retourne à ses racines, le sapin, l'épinette, le bouleau blanc et le quatre-temps s'occupent à redessiner les saisons; le muguet des bois et l'érable à sucre adoucissent pour leur part le paysage à l'ombre de la ciguë maculée.

Sans parler des vallons et des plaines qui se couvrent de la mauvaise herbe de nos consciences rebelles et insoumises, de la marguerite à déflorer, du pissenlit, de la saoulance bienfaitrice, des éperviers à chevaucher, des chardons de l'humiliation, de même que — je m'en voudrais de le passer sous silence — l'entêté chiendent de nos survivances.

Loup et carcajou retournent à la légende, l'orignal, le chevreuil et le caribou s'y font les bois à même l'obel des écorçures, cependant que le renard de plus en plus argenté décarême l'écureuil, la souris sauteuse, l'hermine bretonne et le vison sous l'œil envieux du loup-cervier et de la martre mettant le lièvre en chasse, la lèvre luisante comme le castor maçonnant un barrage à venir.

La loutre quant à elle ne veut toujours pas sortir du trou, agacée du ramage fou de l'ensemble à cordes vocales réunissant les oiseaux marins fort bien représentés par le margot, le petit pingouin, la mouette, le gode, le goéland, la sauvagine, l'hirondelle occupée à faire le printemps, le pinson, la buse, le canard, l'oie, la fauvette, cependant qu'à des siècles de dérivances, la corneille et le corbeau sur leur arbre perchés poétisent la fable aux zébrures des pieds-de-vent ramagés.

2
Gespegeoag
(Gaspé)

À l'heure des grandes questions
Où la planète ne tourne pas rond
Après quatre siècles et demi
De dérives partisanes et culturelles
Tu te décides enfin à te poser des questions
Gaspésie d'hier et d'aujourd'hui
Par la bouche de tes canons municipaux
Sacerdotaux, musicaux et porte-drapeaux...

LES AMÉRINDIENS occupaient la péninsule 6500 ans
avant l'arrivée des Européens au XVIᵉ siècle.

Les chroniqueurs du XVIIᵉ siècle les nommaient déjà « Gaspésiens ». En plus des Micmacs, les Kwedech aussi nommés Iroquoiens de Stadaconé, les Etchemins et les Montagnais fréquentaient le pays et survivaient grâce à ce vaste territoire de chasse et de pêche.

La mer nourricière acoquinée à la forêt complice leur fournissait tout ce dont ils avaient besoin pour leur survie.

L'Indien était déjà à cette époque un écologiste respectueux de son environnement puisqu'il en dépendait totalement. Cela lui conférait une double valeur, car il devait voir à n'en point épuiser les ressources.

Sa nourriture était composée de baies sauvages et de petits fruits dont il faisait large cueillette en prévision de l'hiver. Aussi la mer, poissonneuse à souhait, le nourrissait fort bien, et il savait en tirer l'essentiel, comme de la forêt on ne peut plus giboyeuse, lui qui avait appris au fil des siècles à lui survivre à prix fort.

Il en était de même pour son abri, un wigwam dont la structure de tronc d'arbre était recouverte d'écorce de bouleau que les femmes avaient préalablement chauffée de façon à ce qu'elle épouse bien la forme ovale de la structure habitable, après quoi elles cousaient les écorces sur les membrures à l'aide d'os aiguisés et troués servant d'aiguilles et de racines de sapins servant de fils.

L'Indien était très ingénieux et le canot d'écorce qu'il fabriquait, et grâce auquel il pouvait flotter sur l'eau et remonter le fleuve qu'il appelait déjà «le chemin qui marche», en était une démonstration éclatante.

Les Indiens étaient alors les seuls maîtres des lieux, habitant ce pays merveilleux depuis tant de lunes que la mémoire des astres en a depuis fort longtemps perdu le compte.

L'Indien chassait et pêchait exclusivement pour sa survie, ayant le souci d'en apporter le fruit aux veillards et aux malades. Rien n'était gaspillé : avec les peaux on faisait des vêtements, des couvertures, de la babiche pour lacer les raquettes des hivers durant.

Jusqu'aux dents et aux griffes qui servaient souvent de talismans, de bijoux et d'ornements à côté des dards de porcs-épics.

À chacune de ses chasses, l'Indien prenait toujours soin d'adresser une prière à ses dieux, qui étaient nombreux, pour s'excuser d'avoir à donner la mort afin de nourrir sa tribu.

L'Indien avait des valeurs familiales et tribales et le Blanc aurait mieux fait d'aller à son école, la planète le montre de bien des façons aujourd'hui.

Maintes fois rebaptisés, les Micmacs ont été les Toudamans dont parle Cartier et probablement les Tontaniens ou Tarantines des colons anglais en plus d'être les Souriquois des premiers Français. Leur langue est apparentée à celle des Cris ainsi qu'à celle des Araphos des Plaines centrales.

Parce que les produits de la mer sont plus faciles d'accès que ceux de la terre, la mer fournit en bonne partie la nourriture des Micmacs qui sont d'habiles marins et d'excellents chasseurs.

Les croyances des Indiens étaient à cette époque très riches et diversifiées, puisant leurs dieux autant chez la lune que le soleil, le poisson, l'animal, l'arbre, la terre.

Ils vivaient d'instinct et lisaient à même le grand livre de la nature. Ils aimaient la danse et connaissaient même l'astronomie, eux qui racontaient que les gardes de l'étoile polaire étaient trois Micmacs qui étaient partis un jour en canot pour surprendre la Grande Ourse et la Petite Ourse que, par malheur, ils n'avaient pu rejoindre.

La lune était considérée comme la femme du soleil et la mère de l'espèce humaine. Elle protégeait la femme enceinte et se faisait dispensatrice du lait nourricier.

Selon la mythologie des «Gaspésiens», le grand manitou avait créé l'homme à l'embouchure de la Ristigouche et lui avait donné la péninsule en partage.

Les Indiens tenaient des lois de l'univers des éléments que les Blancs ne savaient pas interpréter. Ainsi la femme menstruée était éloignée et isolée, l'homme croyant qu'un contact avec elle le priverait de l'usage de ses jambes. Elle n'avait pas le droit non plus de manger de la viande d'orignal ou de castor, car ces animaux n'accepteraient plus de se laisser prendre. De même les veuves et les jeunes célibataires devaient se plier à certaines règles, comme celle de ne pas manger le cœur de l'ours.

Il en était de même pour le cérémonial de la mort. Lorsque le mourant ne donnait plus aucun signe de guérison, le sorcier décrétait la mort. On l'abandonnait et il expirait dans la solitude. On le sortait ensuite de sa demeure à laquelle on mettait le feu sans rien emporter.

L'Indien développa au cours des siècles sa propre médecine. Il connaissait tout des trésors de la nature, et des pouvoirs et effets médicinaux des racines et des plantes. Il connaissait des plantes capables de guérir l'épilepsie et d'autres qui faisaient avorter les femmes.

Il avait aussi des manières que l'on pourrait juger farfelues de nos jours mais n'en étaient pas moins très efficaces, comme celle par exemple de ressusciter un noyé : on remplissait d'abord de fumée de tabac une vessie d'animal dans laquelle on insérait une canule qu'on faisait pénétrer dans l'anus de la victime. En pressant la vessie, les Indiens insufflaient la fumée au noyé. Ils pendaient ensuite le rescapé par les pieds à un arbre et la fumée lui faisait vomir l'eau. Ces moyens, bien que primitifs, dictés par la nature et des siècles de survie, valaient bien les méthodes modernes.

Pour pallier un éventuel mauvais sort, il prenait soin de jeter à la rivière ou au ruisseau un fin carré de viande dépecé à même l'animal sacrifié afin qu'il se régénère et que son espèce ne soit jamais menacée d'extinction, sachant d'instinct qu'il en serait alors de même pour lui, car il connaissait trop bien l'équilibre précaire de la chaîne écologique.

L'Indien possédait un savoir immémorial que nous avons eu tort d'ignorer, repoussant du revers de la main les réponses aux maux incurables qu'en moins d'un siècle nous avons créés, à commencer par l'épuisement des ressources, le réchauffement de la planète et la diminution de la couche d'ozone reliée directement à une surconsommation effrénée et honteuse, elle-même conséquence du capitalisme sauvage.

L'Indien était pur. L'homme blanc l'a dénaturé, lui a apporté la maladie, la syphilis, la dysenterie, la dive bouteille, l'eau-de-feu, l'ivresse des profondeurs, les faux parfums (lui qui se contentait fort bien et à juste titre du foin d'odeur), les armes destructrices des ressources et de l'humanité qu'il s'est empressé de retourner contre lui. Pas étonnant que l'Indien constitue aujourd'hui l'armée de réserve en des Oka d'ailleurs...

Et s'il ose se permettre de prendre la parole pour revendiquer une symbolique pinède, cigarette au bec, l'hélicoptère du pouvoir renverse le canot d'écorce en des rapides à contre-courant...

Malheureusement pour lui, son regard perçant de visionnaire le trahissait. La lumière de sa prunelle annonçait à son insu la richesse de ce pays neuf, à commencer par les forêts de pins rouges de Bonaventure, les falaises de Miguasha, la salmonie de la Cascapédia, le foin d'odeur de la Ristigouche, la croyance, les savoirs acquis dans la soumission aux lois de la nature et le silence millénaire logés en sa voix; son regard valait toutes les pierres précieuses de l'univers.

Il n'en fallait pas plus pour que le Nouveau-Monde se dessine à bout d'yeux de Gespegeoag sur les mappemondes royales de tant d'envahisseurs se croyant tout permis.

Depuis, malheureusement pour toi, l'Indien, malheureusement pour nous... on a vidé la mer à la petite cuiller, la forêt, l'horizon, les astres et la mémoire d'un peuple fabuleux.

Comment oublier qu'avant l'arrivée de l'homme blanc tu vivais en paix, que l'orignal buvait dans ta main, que la baleine à bosse ronflait tout son saoul au large de l'Anse-à-la-Barbe, que le macareux endimanché d'identité montait la garde des Trois-Sœurs en tirant sur sa pipe d'écume sous le regard complice des oiseaux de passage...

Aujourd'hui encore, l'Indien est bien présent dans le paysage gaspésien même s'il est retourné se fondre au paysage, son allié naturel, témoin de tant de luttes séculaires pour assurer sa survie tout aussi précaire à l'échelle identitaire.

Le passé n'en continue pas moins de marcher dans les pas du présent, balisant l'avenir dans le vol des grandes outardes parlant encore la langue des nations premières à hauteur de ciel, nourrissant l'écho d'Honguedo (péninsule gaspésienne), de Tjigog (Ristigouche), jusqu'au cap de Pratto (Cap-d'Espoir).

3
Espegeneg
(Port-Daniel)

« Là où on se chauffe »

Gaspésie à venir...
T'en retournerais-tu donc à la mer
Pour mieux recrever tes eaux
À la poursuite d'un Cartier mythique
Reflet d'un miroir écaillé d'y goûter?

L A DÉCOUVERTE DU CANADA remonte bien avant le
voyage de Cartier puisque les écrits parlent de ces
valeureux marins prétendant avoir visité des contrées
lointaines, par-delà l'Atlantique, au retour de leurs
longs voyages.

Même les pêcheurs gallois et irlandais connaissaient
apparemment l'existence du continent, bien avant
Cabot et Colomb qui découvrit l'Amérique en 1492.

Les pêcheurs basques visitaient déjà les côtes des
Terres-Neuves avant le xve siècle. On disait même, en
pays basque, qu'un navigateur nommé Jean de Echaide
avait découvert une terre immense de l'autre côté de
l'Atlantique.

Les Normands et les Bretons connaissaient aussi fort
bien, et depuis très longtemps, les bancs des Terres-
Neuves et autres lieux où ils faisaient des voyages ordinaires en « ces pays-là » pour la pêche des « molues ».

De 1490 à 1497, des armateurs de Bristol équipèrent
plusieurs vaisseaux qu'ils envoyèrent en exploration du
côté de l'ouest.

Les Anglais affirment d'ailleurs que Jean Cabot
découvrit le continent américain avant Christophe
Colomb.

En l'an 1500, au moment où Cabral découvrait le Brésil, le Portugais Corte Real partait de Lisbonne pour les terres près desquelles se faisait la pêche des « molues ».

Au printemps de 1523, le navigateur florentin Verrazano appareilla au nom du roi de France, François Ier, avec l'assurance de trouver la route de la Chine, en allant vers l'occident, avec la ferme intention d'aller planter le drapeau fleurdelisé à Cathay, profitant de son passage pour prendre possession de toutes les terres et les îles où il aborderait.

C'est pourtant au pilote malouin, Jacques Cartier, parti du port de Saint-Malo le 20 avril 1534 avec deux navires et 61 hommes, qu'il reviendra de prendre possession du Canada au nom du roi de France en plantant une croix à la pointe de Gaspé, le 24 juillet 1534. En ce premier voyage, Cartier n'aura mis que 20 jours à traverser l'Atlantique.

Le 3 juillet, ses navires mouillent l'ancre à l'entrée de la baie des Chaleurs, qu'il baptise ainsi en raison du climat plus doux dont elle jouit en cette période de l'année qui n'est d'ailleurs pas sans lui rappeler l'Espagne.

Après avoir fait mettre une barque à l'eau à la pointe de Paspébiac, pour explorer les alentours, il fait la rencontre d'une bande de Micmacs en canots qui connaissaient bien ce lieu pour l'avoir nommé « Espegeneg », qui veut dire « là où on se chauffe ».

Déconcertés par l'accueil plutôt chaleureux des Amérindiens qui se lancent à leurs devants à bord de leurs canots, Cartier et ses hommes pris de peur tirent deux coups de « passe-volants » au-dessus d'eux pour les disperser.

Le lendemain, les Blancs décident de revenir vers eux et les amadouent tellement bien que ceux-ci repartent tout nus après avoir échangé toutes leurs peaux et leurs vêtements contre de menus présents : miroirs, couteaux, clochettes et pacotilles.

Poussant plus avant son exploration en chaloupe dans l'espoir de découvrir un passage vers l'intérieur du continent, Cartier revient à ses navires après avoir dépouillé entièrement un groupe de 300 Micmacs à la hauteur de Tlagatigetig (Carleton) avec qui il trafique. Il s'agit de la première cérémonie d'échange de biens entre Européens et Amérindiens dûment décrite.

Par la suite, les deux navires se dirigent vers l'est jusqu'au cap de Pratto (Cap-d'Espoir).

Quelques jours plus tard, après avoir essuyé une tempête le forçant à mouiller ses navires entre le rocher de Percé et l'île Bonaventure, Cartier entre dans la baie de Gaspé où il fera la connaissance cette fois d'une quarantaine de familles Kwedech, soit environ 200 personnes pêchant le maquereau dans la baie et qu'il décrit ainsi dans son journal de bord : « Cette gent se peut nommer sauvage car c'est la plus pauvre gent qui puisse être au monde ; car tous ensemble n'avaient pas la valeur de cinq sols, leurs barques et leurs rets de pêche exceptés. Ils sont tout nus, sauf une petite peau, avec laquelle ils couvrent leur nature et quelques vieilles peaux de bêtes qu'ils jettent sur eux en écharpes. »

Le 24 juillet 1534, les Français érigent une croix de 30 pieds sur la pointe de la baie de Gaspé au haut de laquelle ils ont apposé un écusson où on peut lire : VIVE LE ROY DE FRANCE !

Une fois retournés à bord de leurs navires, les marins voient s'approcher le chef Donnacona accompagné de ses trois fils et de son frère venus protester contre cette prise de possession du territoire qu'ils considéraient, à juste titre, comme le leur, en le montrant des bras, en de grands gestes joignant la mer à la montagne et aux cieux qu'ils ramenaient sur leur cœur, tristement.

Usant de ruse autant que de force, les Français s'en saisissent et les embarquent sur un de leurs navires. Après les avoir fait bien manger et boire, ils réussissent à convaincre le chef Donnacona de les laisser emmener deux de ses fils en France.

Le 25 juillet, après avoir fait voile hors de la baie de Gaspé, Cartier contourne l'île d'Anticosti qu'il prend pour une péninsule. N'ayant pas trouvé le passage tant convoité vers l'Asie, il entreprend, le 15 août, le voyage de retour.

Cartier reviendra au Canada l'année suivante, ne s'arrêtant à Gaspé que le temps d'une courte escale, pressé de fouiller plus avant les atterrages du grand fleuve.

Le pays ainsi nommé retombera un temps dans l'oubli, bien que, pour les premiers habitants du territoire, désormais rien ne serait plus jamais pareil.

Parti à la recherche de « la route des épices », Jacques Cartier, après avoir traversé la mer océane et arpenté ce grand territoire, devra se contenter d'avoir consigné sur les cartes du monde le futur pays de la morue salée, troquant ainsi Cathay l'orientale pour Gachepé la revêche.

Destination beaucoup moins exotique, la France l'aura néanmoins dans la mémoire longtemps, cette humble prise de possession... C'est ainsi que, à son insu, la Gaspésie devint le navire amiral chargé de nommer le reste du continent.

Il n'en fallait pas plus pour qu'une installation d'abord temporaire sur le territoire qui deviendrait par la suite permanente ne commence à faire tourner de l'œil bien des aventuriers lancés à la poursuite de cette Nouvelle-France apparue officiellement sur toutes les mappemondes.

Prise de possession de Gaspé par Cartier[1].

Comme les nôtres plantèrent une grande Croix sur la Pointe de l'entrée du Port, et comme le Capitaine de ces Sauvages étant enfin apaisé par un long pour-parler avec notre Capitaine, accorda que deux de ses enfants allassent avec luy.

Le vingt-quatrième jour de Juillet, nous fîmes faire une Croix haute de trente pieds, et fut faite en la présence de plusieurs d'iceux sur la pointe de l'entrée de ce port, au milieu de laquelle mîmes un écusson relevé avec Trois Fleurs-de-Lis, et dessus etoit écrit en grosses lettres entaillées en du bois, « VIVE LE ROY DE FRANCE ». Et après, la plantâmes en leur présence sur la dite pointe, et la regardoient fort, tant lors qu'on le faisoit que quand on la plantoit. Et l'ayans levée en haut, nous nous agenouillions tous, ayans leur faisions signe, regardans et montrans le Ciel, que d'icelle dépendoit notre Rédemption : de laquelle chose ils s'émerveillèrent beaucoup se tournans entreux, puis regardans cette croix. Mais étans retournés en nos Navires, leur Capitaine vint avec une Barque à nous, vêtu d'une vieille peau d'Ours noir, avec ses trois fils et un sien frère, lesquels ne s'approchèrent si près du bord comme ils avoient accoutumé, et y fit une longue harangue montrans cette croix, et faisans le signe d'icelle avec deux doigts. Puis il montroit toute la terre des environs, comme s'il eut voulut dire qu'elle étoit toute à lui, et que nous n'y devions planter cette Croix sans son congé. Sa harangue finie, nous lui montrâmes une mitaine feignans de lui vouloir donner en échange de sa peau, à quoi il prit garde,

---

1. Jacques Cartier, *Récits de mes voyages au Canada.*

et ainsi peu à peu s'accosta du bord de nos Navires; mais un de nos compagnons qui étoit dans le bateau, mit la main sur sa barque, et à l'instant sauta dedans avec deux ou trois, et les contraignirent aussitôt d'entrer en nos Navires, dont ils furent tout étonnés. Mais le Capitaine les assura qu'ils n'auroient aucun mal, leur montrant grand signe d'amitié, les faisans boire et manger avec bon accueil. En après leur donna-t-on à entendre par signes, que cette Croix étoit là plantée, pour donner quelque marque et connoissance pour pouvoir entrer en ce port, et que nous y voulions retourner en bref, et qu'apporterions des ferremens et autres choses, et que désirions mener avec nous deux de ses fils, et qu'en après nous retournerions en ce port. Et ainsi nous fimes vêtir à ses fils à chacun une chemise, un Sayon de couleur, et une toque rouge, leur mettant aussi à chacun une chaine de laiton au col, dont ils se contentèrent fort, et donnèrent leurs vieux habits à ceux qui s'en retournoient. Puis fimes présent d'une mitaine à chacun des trois que nous renvoyames et de quelques couteaux; ce qui leur apporta grande joie: iceux étans retournés à terre, et ayans raconté les nouvelles aux autres, environ sur le midi vinrent à nos Navires six de leur barques ayans à chacune cinq ou six hommes qui venaient dire adieu à ceux que nous avions retenus et leur apportèrent du poisson, leur tenoient plusieurs paroles que nous n'entendions point, faisans signe qu'ils n'ôteroient point cette croix[2].

---

2. Le langage de ces peuples a changé, car aujourd'hui ils ne parlent point ainsi. (Lescarbot)

4
Gespeg

(Gaspé)

Gaspésie à venir
Dérive intérieure
Muse dérivante
Jusant cosmique, estuaire rapiécé
De niques d'hirondelles en dames de castors
Et de teint cuivré en écumeurs des mers...

Avec la prise de possession du territoire par Cartier au nom du roi de France, la vie paisible des Micmacs de la Gaspésie était devenue quasi chose du passé. En effet, à sa suite débarquèrent le long des côtes, à diverses époques, des hommes blancs de toute provenance cherchant à tirer quelques avantages de ce pays neuf ancré au large d'ailleurs.

Ces débarquements successifs allaient donner lieu au peuplement de la Gaspésie au cours des prochains siècles par une mosaïque ethnique unique.

Ce pays neuf, farci de flèches de sable, de barachois, d'échancrures d'en bas, d'anses et de baies tous plus poissonneux les uns que les autres, provoquerait une ruée vers l'or blanc du temps, recherché sur tous les marchés européens. La fameuse molue, morue, merluche, le cabillaud des vendredis maigres, attirerait une longue suite de débarquements comme autant de couches fossilisées écrivant les âges du pays fier dans le grand livre des comptes des siècles de misère.

Chacun voudrait tour à tour remonter le fleuve jusqu'en ses penchants naturels, pour couper le cordon ombilical d'un continent naissant, au couteau de poche de ses appétits bien engrossés. Jusqu'en ses veinures de pointes fléchées comme autant d'artefacts, buveur de salinité, de sang indien ayant nommé depuis toujours ce territoire, ce finistère, à sa manière et à sa ressemblance, depuis le cap Pratto jusqu'aux monts Chic-Chocs, éternel rocher escarpé, véritable épine dorsale péninsulaire.

Des entrailles de la côte à ses échancrures les plus secrètes, le pays allait être dépouillé de ses secrets les plus intimes au nom du profit d'abord, de la survie ensuite.

Les Toudamans, ces premiers « Gaspésiens », Micmacs de la mer, ne seraient plus jamais les seuls à nomadiser le continent, l'appartenance murée dans leurs bâtis de perches écorcées de bouleaux, racinant les sapinages sous l'aiguillée osseuse, le visage grimé de matachias.

Le pays appelait à la vie de tous ses horizons. Les pêcheurs basques, normands et bretons répondirent les premiers à l'appel en finissant de creuser l'estuaire de leurs quilles plombées jusqu'aux échancrures du vieux pays de Gaspé.

Il faut dire qu'ils n'étaient pas les premiers à s'être laissé piquer par une telle curiosité océane, puisque les Norvégiens et les Islandais les avaient précédés depuis longtemps, mais n'avaient pas cru bon de pousser leur quête plus avant que le Labrador et les côtes des Terres-Neuves. Si bien qu'aux alentours des années 1650, on pouvait dénombrer pas moins de 500 de ces pêcheurs nomades banqués à Percé pendant la belle saison, cependant qu'à Gaspé, à cinq lieues plus loin, on en comptait bien 400.

Devant la générosité de cette ventraîche d'eau salée, pressée de se donner sur tous les fronts en même temps, le roi de France voulait bien voir les Français s'y installer à demeure, mais il fallut attendre les années 1690 avant que Denis Riverin prévoie une installation permanente à Mont-Louis après avoir créé, en 1697, la Compagnie de Mont-Louis. Si seulement 12 familles habitent alors l'endroit, Denis Riverin rêve d'y établir en moins de 10 ans une centaine de familles suscep- tibles de l'enrichir rapidement. Et pourtant, vers 1712, il n'en reste que quatre.

C'est ainsi qu'à partir de 1729, les Français y exploi- tent une carrière d'ardoise qui retournera bien vite à sa sauvagerie, puisqu'il fallut se rendre à l'évidence qu'elle en coûtait plus cher à extraire que celle de France. C'était la fin d'un beau rêve français. Il y en aurait bien d'autres et combien plus illustres... La pêche semblait demeurer la seule planche de salut, la seule industrie susceptible de faire vivre son homme.

Partis le 15 avril de différents ports d'Europe, les navigateurs mettaient plusieurs semaines à la voile, au sextant et à l'astrolabe pour traverser cette grande mer océane dont parlait Cartier dans ses récits de voyage, avant de faire côte des deux côtés de la péninsule où ils se disputaient les graves propices au séchage de la franche et de la barbue, de la verte et de la ventrue.

Octobre les ramenait en Europe, leurs bateaux chargés jusqu'aux derniers carreaux de la célèbre morue gaspésienne désormais reconnue sur tous les marchés méditerranéens.

Au fil des ans, s'acclimatant au pays, des pêcheurs basques, bretons et normands décidaient de s'installer à demeure le long des côtes gaspésiennes, devenant ainsi les premiers Européens à s'y établir, de Matane à Grande-Grave et de Pointe-Saint-Pierre à Paspébiac.

Comme si ce n'était déjà pas assez de traverser la mer quelques mois par année pour venir gagner sa pitance en pays de sauvagerie, travaillant du jour cassé à la nuit pesante en pratiquant la pêche à la morue selon des techniques en usage au XVIe siècle, se pissant dans les mains pour se déplier les doigts d'un matin sur l'autre, il leur fallait tirer au poignet avec le conquérant anglais, ennemi juré, poussant l'effronterie jusqu'en nos côtes, brûlant régulièrement les établissements français sur son passage, profanant les églises, pendant que les Français sans armes, sans milice et surtout sans malice devaient fuir dans les bois avec femmes et enfants.

Percé a été ainsi détruite à deux reprises, en 1690 et en 1702.

Ce n'était que la pointe de l'iceberg puisque, en 1711, l'amiral Walker brûlait un bateau de pêche dans la baie de Gaspé mais, retour de balancier, fracassait peu de temps après sa flotille sur l'île aux Œufs.

Quelques décennies plus tard, le 4 septembre 1750, Wolfe entrait à Gaspé, avec sept bateaux et 1500 hommes, parti de Louisbourg tombé entre ses mains le 26 juillet.

Québec capitulera le 8 septembre 1760.

À Mont-Louis, les Anglais ont incendié neuf maisons, sept entrepôts, des étables, des dépendances, en plus de détruire 6 000 quintaux de morue si durement arrachée à la mer. À leur départ, le 27 septembre, plus de 20 000 quintaux de morue avaient été détruits.

Entre-temps, depuis la dispersion de 1755, près de 1000 Acadiens avaient trouvé refuge en Gaspésie, terre d'accueil par excellence depuis la nuit des temps.

Par bras de mer et par forêts, ils avaient réussi à échapper à leurs bourreaux et à la déportation dans les colonies anglaises, préférant à juste titre le maquis à l'exil, notamment durant l'été de 1760, après la bataille de la Ristigouche, où ils furent contraints de se terrer dans la forêt. En décembre de la même année, il y aurait eu 1003 Acadiens composant 170 familles installées à l'embouchure de la Ristigouche.

Peu après, plusieurs se dispersèrent du côté de Québec, tandis que les autres quittèrent les environs de la Ristigouche pour s'installer sur les rives de la baie des Chaleurs où, en juillet 1761, on en comptait 300. La Gaspésie ne fut pas longue à leur rappeler leur Acadie perdue en leur ouvrant sa ventraîche généreuse.

C'est à partir de 1767 que le trop célèbre Charles Robin fit une entrée plus remarquée que remarquable dans la baie des Chaleurs. Un malheur n'arrivant jamais seul, une horde de marchands jersiais s'établissent à sa suite tout autour de la péninsule poissonneuse.

Malheureusement pour la petite histoire de ce peuple venu de la mer, ces exploiteurs rapaces et sans scrupules ont pris le contrôle sur les Gaspésiens pendant des siècles et des siècles.

En 1773, Tracadièche, l'actuelle Carleton, comptait une quarantaine de familles totalisant 200 personnes. Si bien qu'entre 1760 et 1780 les Acadiens constituaient l'essentiel de la population établie en Gaspésie.

À partir de 1775 jusqu'à la fin de la guerre d'Indépendance, des Loyalistes demeurés fidèles à la couronne anglaise se réfugient au pays. Deux cents familles s'installent alors à Douglastown, New Carlisle et New Richmond. Ces nouveaux arrivants hériteront à leur tour, en échange de leur loyauté, de tout l'appareil administratif, des magouilles politiques et du système judiciaire bien primaire de la Gaspésie d'alors.

Une nouvelle vague devait déferler en Gaspésie au milieu du XIXe siècle: il s'agissait cette fois d'immigrants irlandais chassés de leur pays par la famine.

C'est aux Canadiens français qu'il revint d'ourler la dernière pièce de cette grande courtepointe gaspésienne des arrivances qui devait composer une mosaïque ethnique unique en cette «Bretagne du Québec».

En provenance de la côte sud, ces Canadiens français fuyaient la rareté des terres au Bas-Canada pour s'établir dans la péninsule où encore aujourd'hui, et pour longtemps, la surpopulation n'est pas à craindre.

Dans cette Gaspésie grande comme la Belgique, qui équivaut à la superficie de la Suisse, depuis la belle sauvagerie de sa côte nord jusqu'à la côte escarpée abritant les villages de pêcheurs, en passant par la baie des Chaleurs où le climat se fait plus doux, l'agriculture moins malaisée, où les plages sablonneuses et les caps finissent d'adoucir la ligne d'horizon, les multiples provenances des habitants d'aujourd'hui continuent d'habiter le paysage, de l'empyrée au lignage d'horizon, l'accent contrarié irrigue l'histoire, entre le verbe et le patois du beau langage «françois», de sur l'empremier ressoudu...

5
Tlagatigetig
(Carleton)

« Lieu où il y a des hérons »

Gaspésie à venir...
Si tu veux savoir où tu vas
Va donc voir d'où tu viens...

Pᴇɴᴅᴀɴᴛ ǫᴜ'ᴜɴ ɴᴏᴜᴠᴇᴀᴜ ᴍᴏɴᴅᴇ prenait vie du côté de Stadaconé et, plus tard, d'Hochelaga — qui deviendront Québec et Montréal —, du côté de l'Acadie, Grand-Pré, Port-Royal, Louisbourg et la vallée d'Annapolis sortaient de la mer à force d'aboiteaux et de croyances, un des plus beaux pays de la mer doté, aux dires du conquérant anglais lui-même, « des terres les plus belles et les plus riches du continent »...

De là à éveiller la convoitise d'un peuple passé maître dans l'art de cueillir les fruits engraissés par les autres depuis la nuit des temps, il n'y avait qu'une mer que les Anglais ne mettraient pas long à traverser, pour le plus grand malheur du fait français en Amérique du Nord.

L'Anglais qui poussait ses guerres de conquête sur tous les flancs du monde à la fois ne pouvait se résoudre à laisser ce continent à ses voisins français, ennemis jurés depuis toujours.

Comment résister à l'attrait de ces terres bellement défrichées de la mer au fronteau à force de bras et de vaillance, qui consentaient enfin à rapporter après tant d'efforts ? À une mer aussi poissonneuse, capable de nourrir à elle seule l'humanité tout entière ? À une forêt giboyeuse à outrance ?

À croire que c'est ici que le miracle avait eu lieu...

Pour un temps seulement, puisque la Gaspésie s'est développée à partir de 1760 et que, jusque dans les années 1780, bon nombre d'Acadiens déportés trouvèrent refuge en cette péninsule ancrée à portée de vue de l'Acadie des premiers temps.

Comment justifier une telle dispersion? Le mystère du Grand Dérangement soulève encore tellement de questions, de passions, que, pour aider à la compréhension du peuplement de la Gaspésie, j'en brosserai un portrait à ma façon.

À vrai dire, tout a commencé en 1748, quand le lieutenant Lawrence se mit à nourrir de sombres desseins. Déporter ces Acadiens afin de s'emparer de leurs terres qu'il qualifiait des « meilleures au Nouveau-Monde » lui semblait une raison suffisante pour justifier tous les gestes.

« Nous formons actuellement le noble et grand projet de chasser de cette colonie ces Français neutres qui ont été depuis toujours nos ennemis jurés et secrets, et qui encouragent les Sauvages à nous couper la gorge. Si nous réussissons par la grâce de Dieu et la force de nos armées à les expulser, cet exploit sera le plus grand qu'aient accompli les Anglais, car aux dires de tous, dans la partie de la colonie que ces Français habitent, se trouvent les meilleures terres du monde. Ne nous resterait par la suite qu'à mettre à leur place de bons fermiers anglais, pour y voir bientôt naître de nos mains une abondance de bons produits agricoles. »

C'était donc encore pour une simple question de pouvoir, de possession, de colonisation inhumaine qu'il fut décidé en haut lieu de répandre la mort et de tout mettre à feu et à sang. Cet acte d'une barbarie sans pareille put être accompli en toute quiétude avec la bénédiction des puissants.

Les troupes gagnèrent Beaubassin en avril 1750 et signifièrent aux Acadiens que leurs terres, leurs habitations et leurs bestiaux étaient confisqués au profit de la couronne britannique et qu'ils seraient déportés sous peu en Angleterre.

Le Grand Dérangement débuta en 1755, au fort Beauséjour. Les pauvres habitants durent se terrer dans les bois, d'août à novembre, pour échapper au massacre, pendant que les « habits rouges » organisaient des battues et qu'ils incendiaient toutes les fermes et toutes les maisons sur leur passage.

Vint ensuite le tour de Grand-Pré où le lieutenant gouverneur Winslow n'hésita pas à faire brûler l'église, 255 maisons, 276 granges et 11 moulins, puis à déporter 2242 Acadiens français qu'on embarqua pêle-mêle — ayant bien pris soin auparavant de disséminer les familles — sur les navires anglais pressés de mettre le cap sur la Virginie, la Pennsylvanie ou le Maryland, avant de se diriger vers l'Angleterre.

C'est alors qu'apparut sur la carte anglaise le nom de Pisiguit où l'on fit prisonniers tous les habitants du bourg, qu'on enferma au fort Edwards dans l'attente d'une déportation imminente.

Le 18 octobre, on les chargea sur quatre vaisseaux escortés par le senau de guerre *Halifax*. Ceux-ci descendirent la rivière Pisiguit avant de jeter l'ancre près de Grand-Pré.

Devant le nombre de prisonniers réunis durant les dernières semaines, on décida d'affréter un autre navire, le *Sea Flower*, sur lequel 206 Acadiens en provenance de Pisiguit furent transférés de façon à mieux répartir « les charges » avant de prendre la mer. On déporta donc des milliers d'Acadiens restés fidèles au roi de France et qui refusaient de prêter serment d'allégeance à la couronne britannique.

À leur arrivée en Angleterre, des centaines de prisonniers acadiens moururent, mal soignés, mal nourris, dans des cachots humides et froids.

Quelques Acadiens échappèrent aux Anglais en se sauvant dans les bois. Ils atteignirent ainsi Louisbourg, la rivière Saint-Jean et les rives de la Ristigouche et de la Bonaventure. Quelques-uns passèrent même ce premier hiver dans la petite île située dans le barachois de Tracadièche, qui voulait dire petite Tracadie, que le gouverneur Guy Carleton rebaptisa pour honorer son nom après la Conquête, avant de rebaptiser le village voisin du nom de Maria, en l'honneur de son épouse.

Les soldats anglais tuèrent tout Acadien qui avait tenté d'éviter la déportation. Le gouverneur Lawrence offrit des récompenses en argent ou en nature sur présentation de scalps d'Indiens ou d'Acadiens.

Beaucoup d'Indiens qui réussirent à s'échapper moururent de faim dans les forêts ou périrent en mer dans des bateaux de fortune. Plus de la moitié des 18 000 Acadiens de 1755 moururent ou disparurent durant cette déportation.

Parmi eux, plusieurs firent côte en Gaspésie. Si bien qu'en 1760 on dénombre 170 familles dans le recensement de Ristigouche par le commissaire Bizagier. Parmi ces réfugiés, provenant surtout de Beaubassin, Pisiguit et Grand-Pré, on retrouve des Dugas, Leblanc, Arseneau, Poirier, Comeau et Thériau. Au recensement de 1765, on dénombre 168 Acadiens à Bonaventure. Quelques années plus tard, la plupart sont installés à

Tracadièche (Carleton). On y compte, en 1777, une quarantaine de familles acadiennes, soit 257 habitants.

Au printemps de 1774, un autre contingent de déportés (sur lequel nous nous attarderons au prochain chapitre), composé de 81 personnes, arrive à Paspébiac en provenance de Saint-Malo sur trois goélettes de la Robin Pipon Company, qui exercera son monopole sur les pêcheries en Gaspésie et dans toute la baie des Chaleurs pendant près de deux siècles.

Ce contingent symbolisera la difficile réinsertion des Acadiens dans le Canada de la fin du XVIIIe siècle, sous la houlette douteuse des Robin, à l'heure du capitalisme naissant, pour ne pas parler de capitalisme sauvage.

L'apport acadien dans la population de la baie des Chaleurs a donc une très grande importance puisqu'il forme aujourd'hui 65 % de l'origine ethnique de la population, alors qu'entre 1760 et 1780 les Acadiens constituaient la majorité de la population gaspésienne.

6
Tchakibiac

(Pasbébiac)

« Batture rompue »

Et si on parlait enfin pour une fois
En se faisant le bonheur d'y croire
D'une Gaspésie à venir
Voulue, nourrie, sevrée
Une Gaspésie à prendre par la main
Par la mer, les terres et les forêts
De fronteau en grand large
Une Gaspésie où l'on se reconnaîtrait
Dans le labour de ses rides
Ses fossés de générations
Et les membrures de ses étés...

L'ARRIVÉE À PASPÉBIAC du dernier contingent d'Acadiens, au printemps de 1774, à l'emploi de Charles Robin, constitue la clé de voûte de la Gaspésie d'aujourd'hui. Il faut donc s'y attarder, pour en comprendre les avants et les après, le large et la côte de notre mémoire collective plus en friche que jamais.

La première question à se poser serait: Où sont passés et qu'ont fait ces déportés acadiens en Europe, entre la date fatidique de la fin de l'Acadie proprement dite, en 1755, et ce fameux printemps de l'an de grâce 1774?

Cette portion d'histoire oubliée m'intéresse d'autant plus qu'elle concerne mon ancêtre, Olivier Barillôt, arrivé au pays sur une des trois goélettes de la Robin, au printemps de 1774.

Pour sonder le large de son passé, il faut creuser la mer croisant l'horizon de sa lignée.

À leur arrivée en Angleterre, les Acadiens furent emprisonnés et bon nombre d'entre eux moururent. Il faut dire que plusieurs sont morts pendant la traversée, atteints de la picote, affaiblis par le voyage, la malnutrition et des conditions d'hygiène vraiment inhumaines.

Entassés sur les bateaux comme du vulgaire bétail, les Acadiens étaient empilés les uns sur les autres, si bien qu'ils avaient du mal à se trouver un carré pour dormir. Il faut dire aussi qu'ils étaient dans des conditions morales terribles, ayant tout perdu, ayant vu leurs maisons brûlées et leurs récoltes détruites, leur bétail tué. Après avoir été pour la plupart séparés des membres de leur famille, plusieurs préféraient se laisser mourir qu'entreprendre une nouvelle fois la traversée de l'Atlantique dans des conditions aussi insupportables. Il ne faut pas oublier non plus que ces gens-là n'étaient pas des navigateurs de profession.

Emprisonnés quelque temps, ils profitèrent d'une amnistie pour retourner à la mère patrie, cette France qu'ils chérissaient tant et à laquelle ils étaient restés fidèles jusqu'à subir les affres de la déportation.

À leur libération, on retrouvait des réfugiés acadiens dans tous les ports d'Europe. On peut dire qu'ils étaient les *boat people* du temps. Cet état était d'autant plus paradoxal que ces braves gens étaient partis des années auparavant pour défendre les couleurs de la France en Nouveau-Monde, travaillant à établir sur des terres volées à la mer une descendance qui serait fière de parler à son tour la langue française.

Ainsi, après avoir tout perdu, après avoir été déportés, emprisonnés, ces gens qui revenaient « chez eux » étaient considérés plus ou moins comme des parias, car on ne savait trop quoi en faire. C'était une situation embarrassante même pour le roi de France.

Plusieurs mirent enfin pied en Normandie où ils tentèrent, sans trop de succès, de s'établir. Mais l'errance, désormais logée en leur cœur de déportés, ne les quittait plus. Toujours en quête d'un coin de terre correspondant un peu plus à cette Acadie des beaux jours, jamais ils n'arrivaient vraiment à se fixer nulle part.

Leur longue marche de pèlerins pourchassés par le destin les mena finalement, vers 1766, du côté de Belle-Isle-en-Mer où ils tentèrent, pour un temps, de s'établir avec près de 400 de leurs compatriotes rapatriés depuis peu.

Là encore, l'appel était trop fort et les déportés décidèrent de tenter leur chance du côté du Poitou, dans l'arrondissement de Chatellerault, où le gouvernement de Louis XVI, comme celui de Louis XV, dépensait des sommes considérables en pension et construction pour installer, sur des fermes bâties pour eux, ces Acadiens séjournant dans les ports français depuis leur libération des prisons infectes d'Angleterre. C'est ainsi que naquit une nouvelle Acadie française outremer que l'on s'empressa de nommer « La grande ligne acadienne ».

Dès lors, environ 2560 exilés acadiens s'appliquèrent à se refaire un pays en cette région de France plus agricole que maritime.

Chatellerault était un lotissement situé sur la Vienne, où le gouvernement du roi avait fait construire 57 fermes identiques de 170 acres chacune, des terres incultes appartenant à l'abbaye de la Puye, à celle de l'Étoile, de même qu'à l'évêché de Poitiers.

Une trentaine d'autres maisons étaient aussi en construction, tout près, sur la propriété du marquis de Pérusse, à Monthoiron. Ce marquis, imbu d'idées de réforme et de progrès, prônait le retour à la terre car il rêvait de transformer son immense châtellenie en domaine cultivé et prospère, alors que les terres n'étaient que des bandes de bois.

Tout de suite après les semailles, les hommes défrichaient les grandes étendues de fardoches rebelles en mettant d'abord le feu à la brande avant de couper à la serpe ce qui en restait. Puis le labour suivait, présentant des difficultés inouïes. Il fallait avoir recours à une lourde charrue de fer traînée par six à huit bœufs de trait habitués à la grosse besogne. En février, on semait enfin l'avoine et en juillet la moisson donnait une récolte exceptionnelle.

Malheureusement, le mal du pays persistait et comme les exploitations mises en chantier ne pouvaient guère accueillir plus de 1300 Acadiens à raison de 15 à 16 personnes par famille (y compris les enfants et les vieillards), la moitié des exilés n'avaient pas trouvé de place pour se loger. Il leur fallut donc encore une fois reprendre la route. Ils allèrent à Nantes, où ils demeurèrent quelques années.

De là, 1574 d'entre eux s'embarquèrent pour la Louisiane où, disait-on, tous les espoirs étaient permis. Quelques autres, cherchant à retourner au pays neuf, décidèrent de descendre en Bretagne, plus précisément du côté de Saint-Malo, qui était à cette époque le plus grand port d'Europe et par conséquent la porte du pays neuf.

Grâce aux nombreux navires affrétés aux quatre coins du monde qui y faisaient escale, on pouvait trouver assez aisément du travail, que ce soit comme charpentier naval, calfat, tonnelier, matelot ou marin et même courir le risque de s'embarquer pour le Canada en se disant qu'une fois rendu il serait facile de déserter et de partir à la recherche de l'Acadie ravie.

D'autant plus qu'il existait une importante industrie de pêcheries entre les côtes de Gachepé et les ports français de Saint-Malo, de Honfleur, de Dieppe, de Calais, de La Rochelle et plusieurs autres.

C'est de Saint-Malo qu'ils partirent, au printemps de 1774, à l'emploi de la Robin Pipon Company, une firme née à Saint-Hélier dans l'île anglo-normande de Jersey, face à Saint-Malo.

En effet, depuis 1767, l'armateur Charles Robin, après plusieurs campagnes de pêche fructueuses, avait décidé de s'installer à Paspébiac — qui veut dire en indien « échancrure d'en bas » — dans la baie des Chaleurs. Il jugeait que c'était l'endroit idéal pour développer une industrie de pêche, voire même un empire.

Pendant les premières années de son « règne », il se contenta de procéder à des campagnes de pêche saisonnières, engageant des Jersiais qui s'installaient à Paspébiac d'avril à octobre. À l'automne, il les ramenait à Jersey avec ses cargaisons de morues salées et séchées qu'il vendait dans plusieurs pays d'Europe.

Se rendant compte de la richesse d'un tel pays laissé vacant après le départ des conquérants et voyant les profits qu'il pouvait tirer des produits de tant de pêches miraculeuses, il se dit que, pour installer son empire en Gaspésie, il ne pouvait plus se contenter de campagnes et qu'il lui faudrait occuper le territoire à l'année.

Il choisit donc d'établir son commerce central à Paspébiac, puisque l'endroit s'y prêtait à merveille : une mer des plus poissonneuse, offrant au commerçant un havre naturel où mouiller ses navires à l'abri dans la baie, une forêt à proximité, un barachois et tout ce qu'il fallait pour composer avec le paysage, en gonflant ses goussets sans trop de problèmes, du moins dans l'immédiat.

Il comprit aussi que pour développer l'empire qui le hantait de plus en plus, il lui faudrait faire venir des familles qui y prendraient racine et feraient de nombreux enfants qui deviendraient, à leur tour, de bons esclaves peu coûteux qu'il pourrait manipuler à sa guise.

Comme il armait ses navires au départ de Saint-Malo, et que bien des familles acadiennes rôdaient dans les alentours de cette ville portuaire, il en déduisit que cela lui ferait une main-d'œuvre bon marché, particulièrement docile.

D'autant plus que les Acadiens voulaient revenir à tout prix, qu'ils n'étaient pas regardants après avoir vécu tout ce qu'ils venaient de traverser, qu'ils étaient durs à la besogne et pour la plupart pêcheurs de métier. En plus, ce qui était loin d'être négligeable, ils connaissaient déjà le pays, les rigueurs de l'hiver, les forêts, les fonds de pêche et la manière de survivre à l'autre bout du monde.

C'est ainsi que Charles Robin ramena 81 Acadiens à Paspébiac au printemps de 1774, 34 familles en tout. Ce que ces braves Acadiens n'avaient malheureusement pas prévu, c'est que Robin, en véritable empereur, les tiendrait dans sa main creuse deux siècles durant et d'une façon fort simple : en les rendant dès le départ complètement dépendants de lui.

Robin instaura un système de troc où le pêcheur ne recevait pas d'argent en échange de son poisson mais des vivres, des agrès, du tissu pour vêtir les enfants et le peu qu'il fallait pour pouvoir survivre d'une marée à l'autre.

Comme le prix du poisson n'était fixé par Robin qu'à la toute fin de la saison de pêche, le pêcheur se retrouvait continuellement endetté envers ce maître sans scrupule qui, selon les prises, montait le prix des effets dans ses magasins et descendait le prix du poisson, de sorte que même si le pêcheur avait fait une très bonne année il ne pouvait espérer s'affranchir un jour de son exploiteur.

Photo: Musée de la Gaspésie.

NOUVELLE
RELATION
DE LA
GASPESIE,
QUI CONTIENT

Les Mœurs & la Religion des Sauvages Gafpefiens Porte-Croix,
adorateurs du Soleil, & d'autres
Peuples de l'Amerique Septen-
trionale, dite le Canada.

DEDIE'E A MADAME LA
PRINCESSE D'EPINOY,

Par le Pere CHRESTIEN LE CLERCQ,
*Miffionnaire Recollet de la Province de
Saint Antoine de Pade en Artois, &
Gardien du Convent de Lens.*

A PARIS,

Chez AMABLE AUROY, rue Saint
Jacques, à l'Image S. Jerôme, attenant
la Fontaine S. Severin.

M. DC. XCI.
AVEC PRIVILEGE DU ROY.

Enfants Micmacs en 1914.

Photo : L'abbé Rosario Benoît. Coll. Archives du séminaire de Québec.

Le vieux Lemieux (sac au dos), à Grande-Grave, en 1922.
Photo : Fonds C. M. Barbeau.
Musées nationaux du Canada, n° 57319.

Robert Price, âgé de 86 ans, à Grande-Grave, en 1922.
Photo : Fonds C. M. Barbeau.
Musées nationaux du Canada, n° 57306.

Enfants d'une même famille de pêcheur, à Grand-Étang, en 1922.
Photo: Fonds C. M. Barbeau. Musées nationaux du Canada, nº 57454.

Groupe d'enfants et d'hommes devant une tente au début du siècle, en Gaspésie.
Photo: Coll. Marie Décarie.

Pêcheurs de morue.
Photo: S. L. Désilets.
Archives nationales du Québec à Québec.

Comme le pêcheur ne recevait pas d'argent, il ne pouvait acheter ailleurs, comme chez les caboteurs qui vendaient la farine quatre fois moins cher à Paspébiac.

Pour couronner le tout, Charles Robin se fit aussi nommer adjudicateur des terres, ce qui veut dire que c'est lui qui remettait le lopin de terre au pêcheur qui voulait s'installer. Dans son génie mercantile, il n'avait pas été long à comprendre que s'il remettait au pêcheur un lopin minuscule, celui-ci, même avec la meilleure volonté du monde, ne pourrait gagner sa vie uniquement des fruits de sa terre, quand on connaît les sols rocailleux de la Gaspésie. Le pêcheur devait par conséquent continuer à faire la pêche et vendre son poisson à Robin puisqu'il n'avait nulle part ailleurs où le vendre et, de plus, il devait s'en remettre à lui pour les avances d'hiver.

Pour étouffer dans l'œuf tout mouvement de révolte, Charles Robin était monté à Québec à pied, en plein hiver, en passant par Sainte-Anne-des-Monts pour se faire nommer juge... Quant à ses jurés, ils se composaient de ses propres commis jersiais...

Ce régime odieux fut maintenu d'une génération à l'autre pendant deux siècles, jusqu'à ce que le pêcheur gaspésien décide de se prendre en main et de former des coopératives. Malheureusement pour lui, il était trop tard : l'épuisement des stocks, la loi des 200 milles avec les États-Unis, les navires-usines de Russie et le moratoire sur la morue ont fait qu'aujourd'hui, en Gaspésie, on importe de la morue de la Russie à gros prix, morue qui n'a rien à voir avec celle dont la mer était remplie à l'époque des pêcheurs basques, bretons, normands.

En somme, par un malheureux concours de circonstances, le poisson, qui devait composer la pitance d'un peuple, fut l'ancre de son esclavage et constitue aujourd'hui un produit de luxe que les Gaspésiens ont bien du mal à se payer...

7
Les mangeux de morue

Ils sont partout...
Dans nos mémoires ces Robin d'hier
Et ces Américains d'aujourd'hui
Ce sont eux qui t'effilochent et te vendent
Comme la morue de tes hivers
Et la saumure de tes dires
Gaspésie à venir...

À VIVRE AINSI en quasi-autarcie à l'autre bout du monde, le Gaspésien n'eut d'autre choix pour survivre que de développer cette mentalité « tricotée serrée » qu'on lui reconnaît encore aujourd'hui et qui fait de lui un hôte tout aussi généreux qu'accueillant, méfiant que rusé.

Si certains semblaient épouser la loi du plus fort en se soumettant aux Robin, c'était plus souvent qu'autrement dans l'unique volonté de survivre.

On naissait pêcheur de père en fils. C'est la dure loi de la mer qui ennoblit ceux qui s'y frottent et commande un respect venu de plus loin que l'horizon. La nature de tout bord et de tout côté régit le cycle des saisons d'une géographie démesurée.

D'avril à octobre, les barges dansaient au large pour n'obtenir qu'un minuscule pourcentage sur les prises au débarquement, une fois réglé le sort cruel de la pesée et du grand livre de comptes de la trop puissante famille Robin. Ainsi, les Gaspésiens disaient : « C'est toute la mer qui monte pour une pierre qu'on y jette », et surtout que « l'éducation d'un Jersiais sur la côte de Gachepé ne dépasse pas la longueur comprise entre la tête et la queue d'une morue ». Ce proverbe gaspésien transmis de génération en génération, loin de la petite école, en dit long.

Charles Robin ne voulait pas d'école où instruire ce peuple rude et imprégné de sel et de vaillance car, disait-il : « S'ils étaient instruits, seraient-ils meilleurs à la pêche ? » Comme c'est à son service qu'il voulait les confiner jusqu'à la fin de son règne, les Gaspésiens sont restés ignarorants pendant des générations et, par le fait même, avec un esprit d'initiative peu développé, ne soupçonnant même pas qu'ils auraient pu, eux aussi, en temps que peuple de la mer, aspirer à la liberté bien méritée du grand large.

Avec la mer à bout d'yeux, éparrée jusque sous la voûte des cieux d'un bord et des petites terres de roches maigrechines qui montaient jusqu'à l'empyrée par le pied des buttereaux, le Gaspésien ne pouvait compter que sur l'horizon courbant l'échine comme la misère sur le dos du pauvre monde pour assurer sa subsistance.

La morue et les pommes de terre composaient essentiellement son menu quotidien, pour plusieurs bonnes raisons.

Les terres de roches ne rapportaient que quelques patates, carottes, choux-raves, de quoi remplir l'assiette de granit à côté de la morue des pêches si peu miraculeuses et éternellement recommencées.

Fidèle alliée des travaux et des jours sur la tablée gaspésienne, on retrouvait la morue attifée de plusieurs manières. C'est ainsi que le lundi, on mangeait de la morue fraîche ; le mardi, une kiaude à la morue ; le mercredi, une cambuse à la morue ; le jeudi, des joues de morues farcies de langues, de foies et de noves ; le vendredi maigre ramenait la morue sur la table, cette fois sous forme de têtes de morues tout simplement, ou encore de morue salée avec des gratins de petit lard, question bien sûr d'expier les péchés que l'on avait rarement le temps et la force de faire, de toute façon... Pour finir de remplir l'assiettée, une portion généreuse de cosses de fayots en saison, du navet et des carottes le restant de l'année, voisinant trois ou quatre gorlots de jeunessage prenant ici la forme de petites patates rouges ayant germé de peur dans les labours de la côte à Bonhomme entre les deux saisons gaspésiennes, soit l'hiver passé et l'hiver prochain...

Sans oublier la ration quotidienne d'huile de foie de morue pour se parer contre les maux de ce monde.

En ce temps où le vendredi était maigre, les péchés étaient omniprésents le long des côtes gaspésiennes autant qu'ailleurs en pays de Québec. Et comme les petites maisons de bois, plus souvent qu'autrement orientées vers la mer de façon à voir venir de loin les corsaires et observer les échoueries, étaient froides parce qu'isolées à l'arboutarde, les péchés étaient tout aise de se frayer un passage jusqu'à nos cervelles volages. Ils passaient partout, par les fentes des portes et des châssis, par la cave et le grenier, jusque par le tuyau toujours rouge du poêle des cabanes mal étanchies, brûlant comme l'enfer fourché à blanc.

Le samedi soir, fatigué de la semaine qu'il finissait toujours sur les rotules, mon grand-père préférait manger « des genoux de morues » pour se préparer à la basse messe du lendemain matin, question évidemment de plomber la cervelle tout autant que la quille de son vieux bateau mal étoupé prenant l'eau de tout bord et tout côté.

Avec une telle posologie « morutale », inutile de dire que la maladie n'abordait que très rarement nos côtes vaillamment protégées par les hauts-fonds sournois du littoral. Si par malheur cela arrivait, monsieur le curé trouvait toujours une façon de mettre cela sur le compte des foudres divines, que ce soit pour une femme morte en couches, une épidémie de fièvre décimant une famille au complet, le mauvais mal, les rognons, le mal d'en bas ou la consomption.

Ne restait qu'à rallumer les lampions, rondir les langues de feu et invoquer l'«immatriculée contraception» qui ne répondait que très rarement à «la pelle de la race», surtout en hiver.

Après le chapelet en famille, mon grand-père nous rappelait souvent, peut-être pour se déculpabiliser, que «la pauvreté, c'est relatif»...

Quand ton regard ne peut pas fouiller le blanc des yeux de l'horizon, tellement il se perd au large, que tu as un petit lopin de terre qui rapporte peu, mais suffisamment pour rester vivant au chaud de tes racines dans ta cabane mal calfeutrée, que tu as à portée de main une mer poissonneuse comme nulle part ailleurs, par-dessus ton épaule une forêt capable de chauffer l'enfer pour trois éternités mises boutte à boutte, du gibier plus que tu ne pourras jamais en lever la peau et, autour de toi, entre deux tablées de la maisonnée, 14 à 18 enfants tous plus beaux et grouillants de vie les uns que les autres, c'est cela la vraie richesse. Une maison pleine d'amour chaud en dedans de soi. Et des rêves pour vivre 100 ans qu'aucun gérant de banque ne pourra jamais hypothéquer entre l'actif et le passif.

Mon grand-père disait souvent dans les veillées, quand venait le temps de se lever pour parler à l'assemblée réunie sous la bagosse et l'archet, les souliers ferrés et la baquaise sortant du fond de sa boîte à bois :

« Oubliez jamais dans vos prières, mes p'tits gars, pour peu que vous jugez bon d'en faire, qu'icitte en Gaspésie, on n'a pas l'heure... on a l'temps... et comme le temps c'est d'l'argent, eh ben, on est riche avant de v'nir au monde... »

Il fallait être drôlement coriace de père en fils pour s'en sortir avec de pareilles familles entassées dans le grenier, cul par-dessus tête, comme disait ma grand-mère, qui cordait ses enfants sur les paillasses à la manière du hareng boucané pour prendre moins de place, une queue, une tête, une queue, une tête...

Il fallait ne savoir répondre qu'à la seule vraie loi qui vaille dans les siècles des siècles, la loi de la nature, et développer cette science savante jusqu'à son dernier souffle au meilleur de sa connaissance.

Les veillées étaient longues comme le carême. Le fanal poché à quatre heures, les mansardes branlantes dominant les falaises de grès rouge aux fentes étoupées comme les trois-mâts de sur l'empremier d'arboutarde, d'herbe-à-outarde savamment séchée entre deux grandes marées d'équinoxe, abrillées de vieux rets reprisés de la cuisse à l'encornure, de la joue à la fesse.

Le frette à couper au couteau faisait péter les clous, rendant les maisons obéissantes au vent d'est comme des goélettes pressées de faire côte, l'écume givrée servant plus souvent qu'autrement de tête de lit aux enfants emmaillotés de frissons varlopeux.

Voilà pourquoi, le long de la péninsule, le pêcheur pochait le fanal de bonne heure, allongeait sa fatigue à côté du corps de sa moitié et se collait tant qu'il pouvait pour fondre sa misère, son exploitation, son humiliation à la chaleur d'amour, seule capable de le ramener au large de sa race, au premier rayon du jour cassé.

Ce qui donnait de grandes familles avec bien des bouches à nourrir.

Si bien que, sitôt les enfants ayant atteint l'âge de 14 ans, le père les prenait à part, à l'ombre du «shed» à bois, pour leur dire : «Astheure que t'as eu tes 14 ans, mon gars, que t'es un homme faite, des épaules à la tête, tu vas t'en aller travailler en ville, pis avec le petit peu de salaire que tu vas te trouver à faire, tu vas nous en envoyer la plus grosse partie pour essayer de finir d'élever tes frères et tes sœurs, parce que c'est pas avec la morue, les épinettes, les chantiers, pis deux, trois fourrages de chien que j'vas pouvoir passer à travers encore longtemps... »

Les garçons partaient alors sur les gros chars pour Monréalle-en-ville où ils étaient pour la plupart, dès leur arrivée, pris en charge par la parenté les ayant précédés, manœuvres, journaliers ou bons deuxièmes dans le faubourg-à-m'lasse, à Verdun ou à Pointe Saint-Charles, alors que les filles, elles, devenaient, plus souvent qu'autrement, bonnes dans les maisons anglaises des quartiers huppés de Montréal, Westmount, Outremont, Notre-Dame-de-Grâce...

Les Gaspésiens étaient reconnus en ville pour être une main-d'œuvre honnête et besogneuse, et même recherchée, puisqu'on les savait souvent pauvres et ignorants, pas gâtés et ne regimbant jamais sur la charge à porter pour la grosseur du collier.

Pas étonnant qu'on ne veuille pas se priver d'employés aussi dociles et bon marché, et qu'on ait l'impression d'amasser des indulgences en faisant la charité à ces pauvres enfants abandonnés.

Pas étonnant non plus, aujourd'hui, qu'il y ait plus de Gaspésiens à Monréalle-en-ville qu'en Gaspésie, et qu'aujourd'hui encore, la région la plus vaste du Québec connaisse ce même phénomène de dépopulation malgré les familles beaucoup moins nombreuses pour différentes raisons conjoncturelles.

Les gens de la métropole, c'est bien connu, ont depuis toujours developpé un fort complexe de supériorité par rapport aux régions qui ont contribué depuis la nuit des temps à les enrichir au-dehors comme au-dedans. Monréalle-en-ville ne fait pas exception à la règle par rapport à la Gaspésie.

C'est ainsi que pour nous remercier de tant de sueur offerte si généreusement, les Montréalais, se pensant beaucoup plus évolués que l'*erectus gaspesianus*, avaient cru bien faire en nous dotant d'un sobriquet dont la tradition populaire ferait son affaire et pour longtemps.

Ainsi, les Gaspésiens furent rebaptisés au gros gin et à l'arrogance : « Les mangeux de morue »... question, évidemment, de pouvoir identifier plus facilement les nouvelles recrues débarquant en ville, complexés à mort de père en fils.

Question aussi de joindre l'utile à l'agréable, en montrant à ces mécréants, ces ignorants, ces déportés du modernisme, qu'ils n'étaient évidemment pas grand-chose ni aux yeux du Bon Dieu et encore moins à leurs propres yeux et qu'ils seraient beaucoup plus sages de se faire tout de suite à l'idée...

Mon père et mon grand-père avaient honte de se faire traiter de « mangeux de morue » ; ils avaient honte pour les enfants de leurs enfants qui auraient également à porter ce surnom comme une infirmité congénitale.

Après une colère noire à nous faire blanchir de peur, ressemblant à une crise d'apoplexie ou au prône du dimanche en huit, grand-père se laissait tomber le cul sur sa chaise, appesanti de circonstances atténuantes, les deux bras ballants, et murmurait comme à regret : «Y a toujou' ben des môdites zimites. C'est toujou' ben pas d'ma faute si chu v'nu au monde au deuxième rang»...

Question de sauver la situation, mon père jugeait bon de prendre la parole à son tour pour rallier les troupes en ces termes :

> Vous aut', ma gang de païens circoncis su'l'travers, j'vous avartis ben d'vot' salut... que j'en voye jamais un baisser la tête ou d'aut' chose devant un messieu' d'la ville... Pis si ça vous arrive — pis ça peut pas faire autrement que de finir par vous arriver — de vous faire traiter de «mangeux de morue», ben vous res't'rez assez deboutte su' vos jambes pour y répond' à vot' grand messieu' d'la ville se parfumant à l'eau d'odeur, là... Vous y répondrez qu'au moins, par icitte, la morue on la mange fraîche...
>
> Au lieurre que dans leu' vitrines, quand a'l arrive là, a'l est déjà cuite, a'l a les yeux rouges comme un lendemain d'veille, pis l'arête s'enlève toute seule... C'est ben manque pour ça que vot' gros messieu' d'la ville, un chieu comme toué z'aut', y s'parfume le pinceau à l'eau d'odeur...

C'est vrai qu'elle passait par plusieurs mains avant d'arriver sur les étals des marchés Atwater et Bonsecours, alors que nous, ancrés au large de la batture à Minique et de la côte à Ti-Ph'lippe, on la mangeait si fraîche qu'elle godillait presque autant dans l'assiette qu'au boutte des gigues à Ti-Louis-à-Ti-Usse...

C'est ainsi qu'en bas âge, en pré-maternelle, je pourrais dire, nous apprenions la conscience de classe.

La distance énorme de soi aux autres... L'importance et le prix à payer de son identité profonde. La valeur de son authenticité sur les marchés boursiers de notre ignorance séculaire. Et cette appartenance non négociable autant sur les cours de la Bourse que sur les cours de l'intelligence menait tout droit à la conscience sociale, à son propre respect d'exister. Savoir d'où l'on vient pour savoir où aller.

Rester à jamais maître de sa chaloupée et de ses gréements, si tristes soient-ils. Ne jamais faire confiance au vent portant, susceptible de nous échouer où il veut, selon sa fantaisie ou son besoin.

À cinq ans, on ne sait pas toutes ces choses et surtout que la véritable richesse est intérieure. Que la véritable richesse, c'était cette maisonnée d'amour, ma mère occupée à rapiécer les genoux de nos manches, mon père, pedleur de profession, qui nous aura montré le métier sans le savoir.

Que c'était les bleuets de la Butte-Sec à Tipon farcis de couleuvres, la cèdrière à Monsieur Mick giboyeuse de lièvres fleurant le chou des sapinages, la truite rosée de la dam à Dollard, les falaises glaiseuses piquées de nids d'hirondelles picochant le printemps sur tous les fronts des hémisphères, la glisse du Trou de Renards, mon chien Bijou sur les talons, le Ruisseau-à-Pipette, chaussé de cannes de lait « carnation » par trente sous zéro...

Que c'était la statue à Rose à Noré entre deux rosaires et trois jurons, les fraises à Valpi à cinq cennes du casseau au plus chaud de l'été servant à me payer mes premières cigarettes, que c'était de fumer en cachette dans le p'tit ch'min d'la côte avec Richard à Valentin et Bernard à Bidet.

Que c'était aussi le plus beau coffre au trésor auquel un enfant de cinq ans aurait pu espérer avoir accès : le dépotoir de Carleton nouvellement aménagé, à cinq minutes de la maison à travers bois. On y trouvait de tout, à cette époque où le catalogue Eaton faisait débarquer le progrès en Gaspésie, alors que le chrome remplaçait le bois massif.

Dans un grand ménage collectif, on se lavait de son passé en jetant pêle-mêle le bogghei au travers de la charrue à trois oreilles n'y comprenant plus rien, voisinant le gramophone et le coffre de cèdre ayant vu défiler les trousseaux de trois générations, le pot de chambre, la Catherine des envies subites sacrifiée pour l'eau courante, victime d'un véritable ras-le-bol digne de mention.

Nous en rapportions tout ce que nous pouvions trouver, à commencer par du bois pour nous bâtir des camps nous servant de caches à tant de trésors que nous n'aurions su imaginer, tant les prises s'avéraient mirifiques.

Deux de mes rafles me resteront en mémoire toute la vie, et ce pour plusieurs raisons. La première, c'est le jour où j'ai trouvé les bottes de Mme Bill, semblables à celles de d'Artagnan, que j'avais reconnues dans un livre trouvé lui aussi quelques jours auparavant. Des bottes m'allant comme un gant, ayant d'autant plus de valeur pour moi qu'elles avaient appartenu à une notable de Carleton-sur-Mer.

Vengeance adoucissante pour un petit-cul de Pointe-Bourg aspirant à la noblesse des traîne-savates semblant vouloir marcher depuis toujours sur les doigts de pieds de mes semelles rapiécées d'auparavant.

Ma deuxième trouvaille en est une de taille que je ne voudrais passer sous silence pour rien au monde :

Une vieille trousse de barbier où étaient empilés pêle-mêle des tubes et des flacons tous plus malodorants les uns que les autres, ayant probablement traîné en maints endroits avant d'aboutir là, une paire de ciseaux rouillés et ébréchés, tranchants de vérité, et une canisse de mousse à barbe à la broue séchée au coin du trou, de même qu'un ancien rasoir à manche n'inspirant pas confiance à un éventuel mauvais payeur.

Il n'en fallait pas plus pour que je me déclare *ipso facto* barbier de service, cependant que Richard à Ph'lippe à Valentin, mon éternel complice, se proposait comme volontaire pour ma première coupe dans le petit camp du chemin de la côte réservé jusqu'alors aux petits congrès dont le leitmotiv était : « Montre-moi la tienne pis j'te montrerai la mienne... »

Sans perdre de temps, avec une dextérité que je ne me connaissais pas encore, voulant faire de l'effet devant d'autres clients potentiels, avec des gestes dignes d'une mise en scène ancienne mille fois répétée par Eugène Boudreau, le barbier de Carleton, s'activant autour de sa chaise à pompe, je m'empressai de passer sous le nez de Richard, telle une cape de toréador, une vieille nappe jadis fleurie récupérée au même moment que la trousse, la lui épinglai au cou et commençai sans plus de préambule dans le vestibule du scrupule à passer la brosse, ou plutôt l'étrille, dans sa chevelure noire et crépue qui lui donnait fière allure, avant que je l'asperge en des gestes de goupillon de mes flacons de parfum *cheap* éventé, capable de faire fuir une bête puante à tout jamais.

Poussant l'amour de mon futur métier à son paroxysme, j'en profitai pour le badigeonner en profondeur comme un steak de jobbeur avant de le passer à la casserole. Après tout, il y allait de mon honneur : en tant que futur barbier de la grande circonscription de Gaspé, je me devais de fendre sans attendre les cheveux en quatre, non pas sur la longueur, mais bien sur le travers. Ce que je fis avec professionnalisme et empressement, en plongeant les vieux ciseaux ébréchés au cœur de ce toupet consentant. Après l'avoir passablement éméché, je crus bon de lui dessiner une tonsure comme celle du frère Consentant.

Au bout d'une dizaine de minutes, qui lui parurent des siècles dans les semaines qui suivirent, le cobaye se releva et disparut en braillant, après s'être regardé de tous les côtés dans un vieux cap de roue posé sur le mur, faisant pour l'occasion office de miroir panoramique.

Ma nouvelle réputation avait précédé mon retour à la maison, si bien que j'en fus quitte pour une punition exemplaire : toute une semaine sans pouvoir remettre les pieds au dépotoir et, en plus, en pleine saison de grand ménage, moi qui comptais là-dessus pour refaire mon inventaire.

Et dire que je ne savais pas alors que la véritable richesse est dans cette faculté d'émerveillement, dans cette façon de redonner vie à des choses anciennes, des objets, des émotions, des regards, des envies...

Et dire que ne savais pas alors que ma plus belle richesse, c'était d'avoir cinq ans dans une famille pleine d'amour, à proximité du dépotoir, au pays des mangeux de morue.

On ne sait pas tant de choses à cinq ans. Heureusement...

8
La Floride des pauvres

Gaspésie à venir
Tu t'en souviens trop bien, toi
Que les réfugiés d'hier, c'était nous les Gaspésiens
Aux portes des villes humides et malséantes
La honte des gagne-petits
La risée des mangeux de morue
Le soleil frileux de la Floride des pauvres...

Dans la Gaspésie de ma toute petite enfance, l'industrie touristique était à peu près inexistante, bien qu'en quelques endroits plus précis, dits « de villégiature », quelques étranges, des « Monréalisses » pour la plupart, comme on les surnommait, débarquaient soit pour quelques semaines, quelquefois pour l'été, surtout à Carleton, à Percé et à Métis-sur-Mer. Certains aventuriers, attirés par l'exotisme d'une région encore toute gommeuse de sauvagerie, se risquaient à faire le grand tour de la Gaspésie, par monts et par vaux.

Il faut dire qu'il s'agissait là d'un beau grand parc à ciel ouvert on ne peut plus nature, qui n'avait pas encore connu le progrès qu'allait amener la Révolution tranquille. Puisque la Gaspésie est vraiment le pays le plus excentré du Québec, nous avions toujours une bonne dizaine d'années de retard sur Montréal et Québec. Ce qui d'ailleurs permit de conserver pour un temps une certaine authenticité qui faisait la richesse humaine et véritable du pays. Tant sur le plan des us et coutumes, des croyances populaires, des légendes que du parler proprement dit.

La Gaspésie a connu bien des surnoms, notamment celui de « Bretagne du Québec », et c'est tout naturel,

puisque c'est le finistère québécois, la fin des terres
rejoignant le commencement de la mer, là où le fleuve
s'élargit, où le bassin rejoint la déhanchée pour mettre
bas dans le lit de l'estuaire affamé qui l'attend, la
gueule grande ouverte, vagissant son écume de mer sur
les côtes de Gaspé, avant d'étendre ses suites et son
limon, de Saint-Maurice-de-l'Échouerie à Gros-Morne,
rondissant ainsi l'épaulée de l'aube sur le côté nord,
s'accentuant bien humblement de L'Anse-Pleureuse à
la Pointe-de-Penouil, Cap-d'Espoir, cap Bon Ami, Cap-
au-Renard, Rivière-à-Claude, à La Martre, autant de
noms de lieux rappelant à la vie, à l'amour, à la mer, à
la mort.

Les quelques rares touristes qui se pointaient
avaient pour nous de bien drôles de fornimousses.
Souvent vêtus de couleurs que nous n'aurions jamais
osé porter, de peur de passer pour ci et pour ça, car il
ne faut pas oublier qu'en ces temps de misaines, de
misères, nous avions le préjugé drôlement facile. Il
fallait savoir tenir le rang : celui où celle qui avait des
écarts de conduite et de langage était bien vite ramené
à de meilleures intentions ou invité à partir en ville
porter « son paquet », comme c'était notamment le cas
de nombreuses filles-mères ayant péché quelquefois par
envie dans les tasseries accueillantes ou les salines
rédemptrices.

Le dimanche était un grand jour, puisque nous
partions tôt le matin pour la grand-messe dans la boîte
du camion de mon père, un vieux Dodge Fargo vert
bouteille, en compagnie du voisin, pépère Alphonse,
que nous aimions bien et qui était toujours le premier
à « se bommer » une *drive* pour la confesse. Maigre
comme un écopeau, il posait sa gomme entre deux

bouchons de bouteilles de bière Dow qu'il plaçait dans sa petite poche réservée à sa montre à grosse queue, le temps d'aller communier sans plus. Sitôt revenu dans le jubé, il ressortait ses bouchons et se regommait le palais en disant que ça l'aidait « à la faire passer »...

Sitôt après avoir mangé, le poulet composant le menu du dimanche midi, nous nous installions, frères et sœurs, sur la galerie branlante et nous mettions en frais de procéder à l'inventaire voiturier de la semaine. En effet, nous avions développé une façon de tenir un compte de l'achalandage routier du dimanche après-midi.

Divisés en équipes, nous comptions, chacun de notre côté, les voitures qui montaient et descendaient. C'était une façon de voyager qui en valait bien d'autres et, sans le savoir, j'ai sûrement fait là mes plus beaux tours du monde en culottes courtes sur les bras pourrissants de la galerie.

Au milieu de l'été, à l'approche des canicules, invariablement, comme commandée par la lune et la marée, une horde de touristes dans des roulottes en aluminium aux coins arrondis faisait sa traversée du village en prenant bien soin de boire le paysage et ses habitants à petites goulées, débarquant quelquefois pour prendre des photos de nos bécosses aux dos ronds ou de nos minois de petits mangeux de morue miséreux, bien sûr pour épater la galerie, une fois rentrés au pays.

Il y en avait bien une centaine de ces roulottes américaines que nous trouvions tellement longues, souvent tirées par des Cadillac luisantes de l'exploiteur d'orgueil.

C'étaient les touristes du temps de mon enfance en Gaspésie. On en voyait passer pendant plusieurs jours.

C'était drôlement impressionnant, car cela faisait si peu partie du paysage.

Comme les Gaspésiens ne voyaient pas souvent d'«étranges» et que, chez nous, on était plus accoutumés à voir les gens du village partir que revenir, les Gaspésiens prenaient ce débarquement des États-Unis comme de la grande visite. Pas étonnant donc que les visiteurs repartaient avec tout ce que nous avions de plus beau, de patrimonial, nos antiquités que les vieux jugeaient laides et sans utilité, cédées à bon marché pour en finir avec une misère collant à la peau depuis le berceau.

Pas étonnant que, chez nous en Gaspésie, où l'on retrouve les plus belles rivières à saumon au monde, les Gaspésiens n'aient pas eu le droit de pêcher ce fameux poisson, puisque les rivières avaient été vendues un dollar aux Américains et que ceux-ci s'étaient fait bâtir, le long de la Cascapédia, de la Matapédia, de la Patapédia, des camps aux allures de palais, où des guides et des gardiens surveillaient leurs canots longs comme des générations, tandis que le Gaspésien devait continuer de crever le large d'une étoile à l'autre pour vider le golfe de sa morue légendaire.

Ces fameux Américains, reconnaissants presque autant que les gens de la métropole et de la capitale, avaient cru bon, à l'instar de ceux-ci probablement, de nous gratifier d'une appellation contrôlée, nous jugeant par le fait même comme un produit de qualité exportable, pour ne pas dire de luxe...

Si les messieurs de la ville qui embauchaient nos épaules à partir de 14 ans et débauchaient nos entrailles avaient pensé nous honorer en nous nommant «mangeux de morue», ces Américains de passage avaient, pour leur part, fini par baptiser la Gaspésie la « Floride des pauvres », pour nous remercier de les laisser vider nos rivières saumoneuses auxquelles nous n'avions pas accès, et partir avec le peu qui nous restait de patrimoine bâti et quelquefois vivant.

« Floride des pauvres » : il faut tout de même avouer qu'il y a là un effort de recherche soignée. « Floride », je peux comprendre, puisque la baie des Chaleurs au temps des canicules peut faire suer n'importe quel bedonnant en bas golf, habitué à diriger au doigt et à l'œil un troupeau d'ouvriers à partir de son bureau climatisé.

« Des pauvres », je peux comprendre aussi, puisque notre pauvreté matérielle si apparente se compensait d'une richesse intérieure que nous ne soupçonnions pas davantage que les autres. Tout simplement parce que nous n'avions pas encore appris à regarder de ce côté-là des choses et que nous ne l'apprendrions peut-être jamais, pour notre plus grand malheur.

Ainsi étiquetés, soit de « mangeux de morue » ou de « Floride des pauvres », nous étions peu encouragés à développer un côté entrepreneur.

Je me souviens que mon père et mon grand-père avaient honte de ces surnoms. C'était ajouter l'insulte à l'arrogance. Mon grand-père se cachait derrière le shed à bois pour ne pas voir passer ces cabanes en tôle dont il n'aurait pas voulu, même pour les installer sur la mer gelée de Miguasha pour pêcher l'éperlan en plein hiver.

J'me respecte trop les plottes pour aller me g'ler les gosses en anglais dans une rondeur grand' comme ma yeule qui nous fait l'affront d'abuser du paysage une semaine par année que c'est déjà trop... Même que j'vous défends de r'garder vous aut' itou, mes p'tits Chinois d'la Sainte-Enfance. Ça pourrait vous rendre aveugles. Y a pas pire éclipse...

Loin de nous éclipser, nous en faisions nos beaux jours, le temps que ça durait.

Quant à mon père, il les avait précédés depuis longtemps sur la route, puisque, après avoir pratiqué 36 métiers, 36 misères, il s'était découvert une passion de pedleur de poissons et d'acheteur de bouteilles vides, de Carleton à Gaspé.

Après son mariage, comme bon nombre de Gaspésiens, il avait voulu tâter de la ville, croyant y trouver le progrès, les commodités et la richesse. Il n'y avait trouvé que de petits métiers réservés aux mangeux de morue condamnés à mourir au bout de leur vie comme ils avaient vécu jusqu'alors. C'était trop pour lui. Il avait ramené ma mère à Carleton et s'était installé non pas au deuxième rang (déjà qu'il s'excusait d'y être né), mais en bas du village, là où ce n'était déjà plus bourgade. Il avait acheté, avec le petit peu d'économies durement glanées à Montréal, une forge désaffectée qu'ils s'étaient occupés de peine et de misère à rafistoler au meilleur de leur connaissance, pour en faire la petite maison où ma mère élèverait ses cinq enfants, non sans essuyer la moquerie du voisinage qui lui demandait quelquefois, avec toute l'humanité dans la voix qu'un tel questionnement requiert: « T'as pas honte, Jeannette, de rester dans une forge? Ça doit sentir le vieux *stud* en chaleur, le fumier pis la ferrure... »

Ma mère ne semblait pas entendre ces moqueries, trop occupée à maquiller d'amour ce logis de fortune avec tout ce qui lui tombait sous la main qui ne coûtait rien, à commencer par des boîtes de carton dont elle tapissa le grenier et les chambres.

Mon père, toujours aussi ingénieux, n'avait pas été long à se trouver du travail ici et là, d'abord comme journalier. Par la suite, il acheta de John Cullen, un tanneur de peau et un acheteur de vieux fer, un alambic à eau de Javel et fit déposer une marque de commerce à son nom. Sans doute inspiré par son séjour à Montréal, où l'on vantait les mérites de l'eau de Javel La Parisienne, il décida, dans un élan tout patriotique visant probablement à blanchir les Gaspésiens à tout jamais de leur réputation de « mangeux de morue », que son eau de Javel à lui s'appellerait La Gaspésienne.

Pendant qu'il écumait les « grills » d'hôtels, supposément pour en ramener des bouteilles vides, ma mère les ébouillantait dans le shed à bois, aidée par mon oncle Guy, le plus jeune frère de mon père, pendant que le caustique détrempait et que la recette prenait ses aises avant d'être embouteillée comme il faut et comme il se doit.

Prémice du libre-échange, sans doute, cette nouvelle façon de s'enrichir ne fit pas long feu et comme il y avait déjà plusieurs bouches à nourrir, mon père dut se résoudre à aller voir Minique à Ti-Toine, qui était petit fouet de l'organisateur en chef du candidat de l'Union nationale du comté de Bonaventure. À l'avant-veille du triomphe duplessiste, il était fort occupé à éduquer ses compatriotes gaspésiens à la devise du « cheuf » : « L'enfer est rouge et le ciel est bleu. À bon entendeur, salut ! » Devise reprise en chœur dans toute la Gaspésie bleuissant à vue d'œil, comme le reste de la province.

Mon père comprit qu'il y allait de son salut. C'est ainsi qu'au lendemain des élections, Minique à Ti-Toine, au nom du « cheuf », fit embaucher mon père dans le service de la voirie à Duplessis et Dieu sait que la route était longue pour ceinturer la Gaspésie, que cela prenait autant de croyance que de bras. La « vou-lance », c'est une affaire, disait mon père, pis la « pou-vance », c'en est une autre...

La pouvance remplaçait souvent la voulance en cette Gaspésie d'alors. Cela dura non pas le temps des roses, mais bien le temps d'un mandat, au terme duquel il fut remercié et remplacé par Auré à Lévis qui, lui, avait voté du bon côté et vint lui proposer le len-demain des élections d'échanger son cheval pour sa camionnette, avec bien sûr un petit dédommagement provenant de la caisse électorale. La conversation n'avait pas été longue et Auré était reparti la tête basse avec sa picouille boitillant sa honte.

Dès le lendemain, mon père courut les côtes et les salines pour acheter le poisson du jour et creusa les colonies pour y vendre cette manne durement arrachée à la mer. Il venait de découvrir sa vocation : vendre de porte en porte le hareng, la morue, la franche et la barbue, achetant en même temps les bouteilles vides et le vieux fer, tout ce qui pouvait se monnayer, n'hésitant pas à pousser la serviabilité jusqu'à faire disparaître les verrues où qu'elles se trouvent, pourvu que la prin-cipale intéressée y trouve son compte et ait une confiance à toute épreuve en lui, dut-elle, et cela arriva à plusieurs occasions, être supérieure de couvent. Comme quoi la verrue, ce corps étranger, ne connaît ni les frontières ni le bon goût sous le regard attentionné du Bon Dieu.

9
L'acceptation globale

Gaspésie à venir...
Aux chiffres chanceux de région zéro un
En point zéro huit...
Gaspésie déshabitée de l'intérieur
Comme un beau saumon rose de la Matapédia
Empaillé sur un mur en bois de grange
D'une maison de banlieue de Washington...

Iʟ ꜰᴀᴜᴛ ᴅɪʀᴇ que dans un contexte farci de «Floride des pauvres» et de «mangeux de morue», mon père et mon grand-père se chargeaient, bien malgré eux, de nous transmettre cet amoindrissement comme une tare héréditaire.

Inutile d'ajouter que la culture, quand j'avais cinq ans à Pointe-Bourg, canton de Carleton, comté de Bonaventure, elle poussait entre les clôtures en faisant son foin et son avoine sur les terres de roches menant des buttereaux à l'empyrée.

C'était la fin des années cinquante, la veille de la Révolution tranquille dont nous ne soupçonnions rien, en tirant nos trésors quotidiens du dépotoir municipal. Cette fameuse Révolution tranquille, annoncée dix ans auparavant par le non moins fameux manifeste, cosigné par Borduas et ses chevaliers de la table carrée, intitulé le *Refus global*.

Chez nous, la révolution était menée de main de maître par Ti-Jean-la-taxe et un peuple écœuré de se soumettre à la loi du plus fort, en l'occurrence Duplessis Maurice, dit le «cheuf», flanqué d'un clergé ensoutané, crossé et bagué, représenté à Carleton par Mᵍʳ Roy qui passait une fois par année pour la visite paroissiale qui se terminait en deux temps, trois mouvements par la collecte de la dîme. Ce qui me frappait le plus, dans cette visite, c'est qu'aussitôt il cognait à la porte, nous nous précipitions à genoux, le temps qu'il entre. Aussitôt, carnet en main, il nous passait à l'inspection en disant, partant du plus grand et descendant les marches d'escalier jusqu'au plus jeune, lui, c'est untel, et lui, et toi. Quelquefois, nous changions exprès de barreau dans l'échelle familiale pour le simple plaisir de le voir se fourvoyer. Ce qui avait le don de le mettre en savon. Ce dont je me rappelle, c'est de ses bas mauves qu'il portait chaque fois et qui tranchaient drôlement avec les bas de laine du pays rapiécés à l'orteil et aux talons que nous portions pratiquement à l'année longue.

Certains touristes plus moqueurs que les autres aimaient bien étriver les Gaspésiens en vérifiant une maxime apprise à Montréal voulant qu'en Gaspésie il n'y ait que deux saisons : l'hiver passé et l'hiver prochain... « C'est ça, rétorquait le vieil Alphonse à Valentin, notre voisin, en apportant en cachette ses vieux caneçons à panneaux à raccommoder à ma mère dans un sac de papier brun tout aussi chiffonné que lui. Ça paraît qu'c'est pas eux autres qui se gèlent les gosses de décembre à avri' parc' qu'y s'raient p't'êt' ben moins farauds en venant dépenser leu' année dans trois jours comme des chiens fous courant après leu' queue pour sentir la marée, pis goûter les p'tites fraises. »

La Gaspésie, comme à peu près toutes les régions à l'époque, était pays de pêcheurs et de cultivateurs, de bûcherons et de journaliers occupés à nourrir leur famille de 14, 18 et quelquefois 24 enfants...

Parce qu'on se couchait de bonne heure, que l'hiver était long et froid, et que l'on se réchauffait comme on pouvait en se collant autant que possible, ça finissait nécessairement par faire des grandes familles. La véritable culture d'alors passait pour tout et avant tout par la famille. Comme la Gaspésie était rurale et paysanne, son développement était lent. Ses traditions séculaires étaient l'unique héritage qu'on espérait pouvoir laisser à la descendance.

De par sa situation géographique, la «Bretagne du Québec» était en retard, côté progrès, d'une quinzaine d'années sur la ville, et ce sur tous les plans.

Tout d'abord du côté routier, c'était toute une expédition de partir de Montréal pour descendre en Gaspésie par monts et par bosses, par anses et par vallées et, pourtant, rien n'était plus pittoresque et original. Il fallait tout de même se les farcir, ces 500 milles de route, en été, qui équivalaient facilement au double, en hiver. Il n'était pas rare qu'il y ait des tempêtes de trois jours paralysant le pays en entier, dont nous étions drôlement friands à cause du congé scolaire, et que le train soit arrêté sur la voie à Gascon ou à Matapédia pendant plusieurs jours avec son chargement de mangeux de morue qui n'avaient plus qu'à se réchauffer comme ils pouvaient. Du côté des communications, c'était la même chose. Nous n'avions qu'une seule radio qui nous venait du village anglais de New Carlisle, où est né René Lévesque, ce qui l'aida sûrement à acquérir assez jeune la conscience du pouvoir anglais et le forcer à faire ses classes de révolte 101 sur le tas et le fond... c'est le moins que l'on puisse dire.

Tout ce qui nous arrivait à travers cette radio me fascinait : je ne comprenais pas qu'une petite boîte de bois puisse arriver à parler. Alors, jour après jour, je la retournais, pensant en voir tomber un petit bonhomme, la bouche grande ouverte. Mais tout ce qui en sortait, à part le célèbre chapelet en famille que nous récitions agenouillés dans le milieu de la place comme des chiens savants, et la méditation religieuse de l'abbé Lionel Boisseault, le matin à huit heures moins quart, c'était des chansons de cow-boys, plus souvent qu'autrement en anglais. Pas besoin d'ajouter que nous ne l'écoutions pas souvent, d'autant que ça faisait passablement de poussière dans la maison.

Quant à la télévision, elle arriverait l'année suivante ou l'année d'après. Mon père achèterait la première du bout avec sa runne d'hiver sur les charrues à Thibeault de Saint-Omer.

Les journaux étaient rares aussi, puisque, comme le disait Monsieur Mick : « Quand t'as été trois jours à l'école pis qu'la maîtresse était pas là, tu te rappelles pas grand-chose. Ça fait qu'la règle de trois, pour toi, c'est rien d'autre que la Sainte Trinité, pis que le futur imparfait, tu t'organises pour le conjuguer au meilleur de ta connaissance du subjonctif absent. »

Mon père aussi racontait qu'il était allé trois jours à l'école et que la maîtresse n'était pas là... Même les maîtresses du temps commençaient à prendre leur titre au sérieux.

Les journaux étaient donc réservés à l'élite : monsieur le curé, le docteur, le notaire et le dentiste au nez rouge de savoir. D'ailleurs, la plupart du temps, ils nous arrivaient trois jours en retard et il fallait les mettre sur la glace toute une nuit pour avoir des nouvelles fraîches... Il faut dire aussi que l'élite n'avait surtout pas intérêt à instruire le peuple puisqu'il aurait pu tout à coup avoir le goût de faire les choses autrement et tenir un discours dans leur langue. Le début d'une guerre civile, quoi...

André Fortin, un vieux pêcheur de 77 ans, à Cap-aux-os, en 1936.
Photo: Fonds C. M. Barbeau.
Musées nationaux du Canada, n° 81114.

La famille O'Connor, en partie d'origine irlandaise et française, à Jersey Cove, en 1936.
Photo: Fonds C. M. Barbeau. Musées nationaux du Canada, n° 81121.

Photo: Charles Bernard.

Photo: Charles Bernard.

Tranchage de la morue, à Petite Rivière-aux-Renards, en 1948.
Photo : Parcs Canada.

Photo : Charles Bernard.

Noum Bujold, en mars 1957.
Photo: Fonds Charles Bernard.
Centre d'archives de la Gaspésie, n° P67.

Voilà pourquoi le «cheuf», fort de sa loi du cadenas, avait aussi jeté la clef en d'autres domaines et ne voulait surtout pas que le peuple québécois aspire à l'instruction. Il savait trop bien qu'un peuple instruit risque d'acquérir une conscience sociale, de développer un besoin d'ouverture, donc un besoin de démocratie, de vouloir prendre en main ses richesses naturelles, humaines et vitales, et de se donner une certaine liberté d'action en fondant des associations syndicales qui obligeraient les pouvoirs à le respecter, en travaillant à la mise en place d'actions communes menant à une meilleure gestion de son propre pays.

De tout cela, Duplessis ne voulait *surtout pas*. Puisque son propre pouvoir politique aurait été remis en question et la statue de sa toute-puissance aurait été déboulonnée de sur son socle. Voilà pourquoi il s'était acoquiné avec les plus forts, le clergé ensoutané.

C'est d'ailleurs les curés qui disaient du haut de la chaire au bon peuple pour qui voter, à quel endroit apposer leur croix. Étant accoutumé à porter sa croix, le pêcheur ou le paysan ne voyait pas là une raison de se mettre en calvaire.

Il faut croire que le peuple québécois a l'oubli facile, lui qui a porté pendant deux décennies cet ogre au rang de premier ministre, un mandat après l'autre, jusqu'à ce que mort s'ensuive... et que tranquille révolution arrive.

Dans un contexte comme celui-là, la seule façon que nous avions de voyager, d'aspirer au merveilleux, au mythique, au mystique, de rêver, nous qui souvent n'avions jamais dépassé les limites du village, c'était par les quêteux, quand arrivait ce temps béni de l'année que nous appelions «la saison des quêteux».

10
La saison des quêteux

Gaspésie à venir...
Ma truite rouge au ventre arrondi de patois
Partie sur les chemins menant à la ville
À la poursuite des petits vendeurs de bateaux
Échoués le long des anses pleureuses
Menant à la vérité crue...

L A FAMEUSE SAISON DES QUÊTEUX venait marquer le temps, faire la pause entre le printemps s'éternisant et l'été se laissant tirer par la fourche de nos culottes courtes. Cette fameuse saison des quêteux chargée de venir nous rappeler que le mot *pauvreté* est bien relatif. Si la Gaspésie que nous habitions si amoureusement était considérée comme une Floride des pauvres peuplée d'ignares mangeux de morue, comme étant la région la plus pauvre du Québec, dans les faits, il en était tout autrement.

On ne sait pas démêler le vrai du faux lorsqu'on est enfant. Il faut que l'éclairage de l'âge se pose sur les choses pour en dessiner les nuances et en abolir les mystères.

Certes, nous vivions exclusivement de morue dans des petites mansardes de bardeaux gris peinturées par le vent d'est, posées au hasard des regards le long de ces deux côtes longeant la baie des Chaleurs, du côté sud, et du fleuve dans toute sa sauvagerie et sa quintessence, du côté nord.

De petites maisons chaudes par en dedans, isolées à l'arboutarde, crachant leur boucane aux vents des échos lointains comme autant de messages indiens.

En grandissant, j'ai compris ce qu'était la vraie richesse. Une maison pleine à ras bord d'amour, des enfants couchés à quatre par lit pour se réchauffer, une tablée bien garnie de morue et de «pataques», comme disait mon grand-père, de quoi rester vivant, d'autant plus, comme le disait ma mère en nous servant soir après soir, qu'«il en resterait pour un quêteux».

C'était cela, la vraie richesse, bien plus vraie que celle qui existait en ville, qui promenait ses airs délurés sous de beaux habits, l'été, en touriste prenant un accent de ville pour masquer celui de sa Gaspésie natale.

La vraie richesse, c'était l'amour dans tous les coins de la maison, occupés à se colletailler, des parents attentionnés, accoutumés à faire beaucoup avec pas grand-chose, les habits des plus vieux que nous usions à notre tour avec autant d'émerveillement et de connivence que s'ils sortaient tout droit du catalogue de Noël Eaton.

Si les quêteux étaient mal vus de bien des gens parce qu'on les craignait plus qu'on ne les respectait, chez nous, la porte leur était toujours ouverte.

Comme nous n'étions pas élevés dans la peur du quêteux, de l'étranger, de l'autrement, nous n'avions pas de préjugés envers ces hobos arrivant des quatre coins cardinaux, hardés de drôles de manières.

D'autant plus que ma mère nous rappelait à tous les soupers que même si nous n'avions pas grand-chose, il fallait au moins se soucier d'en avoir un peu pour les autres, ceux qui en ont moins, ceux qui n'ont rien et que, ceux-là, il s'en trouve toujours sur son chemin.

Aujourd'hui, je sais que le plus bel héritage que ma mère m'a laissé, c'est cette ouverture sur le monde, cette envie de me frotter à la différence, ce besoin de dépasser la peur pour connaître l'humain de passage. Ce besoin de mystifier la banalité, de parfumer la crasse d'un regard, de tendre la main à un manchot avec la même dignité que s'il me serrait la pince. Cela n'a pas de prix. C'est cela, pour moi, la véritable richesse.

Mais qui étaient donc ces fameux quêteux? D'où arrivaient-ils dans leurs haillons déchirés et multicolores?

Avant de répondre à cette question, il faut se replacer un peu dans le contexte de l'époque. Dans cette ruralité québécoise, l'habitant était laissé à lui-même. Il n'avait rien à attendre du gouvernement ou si peu qu'il s'empressait de l'oublier pour recourir à ses ressources personnelles limitées.

La Révolution tranquille verrait à faire un grand ménage dans tout cela. Mais au dire de mon grand-père, il y avait encore bien des chemins de terre à graisser sur le travers, puisque l'on ne parlait pas encore d'asphalter mais de graisser les routes. D'ailleurs, le célèbre curé Paradis, du haut de sa chaire du dimanche, de connivence avec le député de service, n'avait-il pas promis à ses paroissiens, s'ils votaient du bon bord, évidemment, « de voir personnellement à graisser la Fourche-à-Ida »? Ce qui lui avait valu un petit détour par la maison de retraite des Caps noirs, après avoir été dénoncé par une lécheuse de bénitiers n'ayant pas prisé qu'il parle de sa petite cousine en ces termes. Heureusement, le curé avait fait amende honorable dimanche en huit, sur le perron de l'église, en spécifiant qu'il ne s'agissait pas ici de l'organe mais bien du tronçon du lieu-dit Fourche-à-Ida, comté de Bonaventure, province de Québec, Canada.

Pour en revenir à nos brebis galeuses, les quêteux, il faut dire que le gouvernement n'avait pas encore vu à mettre en place divers ministères, comme la sécurité publique, la santé, l'éducation, et que ces pauvres hères dépendaient donc uniquement de la charité publique. Ce qui avait l'heur de donner bonne conscience et de déculpabiliser les plus calculateurs de l'assemblée.

C'est ainsi que le quêteux se présentait toujours à la porte des maisons la main grande ouverte, en demandant la charité pour l'amour du Bon Dieu. C'est bien connu depuis toujours, la maladie développe ses anticorps. Comme, à cette époque, la religion était très forte et que l'on ne jurait que par le ciel, le purgatoire et l'enfer, qu'il y avait des péchés partout, autant de croyance mal canalisée avait fini par développer en contrepoids une croyance populaire tout aussi poussée à outrance, dotant le quêteux de pouvoirs surnaturels. Tant et si bien que chacun donnait au quêteux son obole beaucoup plus pour soulager sa conscience et se sauver d'un mauvais sort que par simple charité chrétienne.

Il faut dire aussi que certains quêteux au nez fin ne se privaient d'alimenter ces peurs qui les aidaient à vivre leur vie d'errants tout autour de la Gaspésie.

Aussi, dans toutes les régions rurales du Québec, on trouvait en entrant dans la maison, le long du mur, un grand banc de bois s'ouvrant en deux comme un banc-lit, muni d'une paillasse, que l'on appelait le banc du quêteux.

On pense bien que ce n'était pas tout le monde qui voulait laisser le quêteux coucher sous son toit et cela pour de bonnes et de moins bonnes raisons, à commencer par les bibites... et l'odeur... Imaginons un brave apôtre de la semelle ayant couché dans les fossés depuis quinze jours, en plus d'être allergique à l'eau des ruisseaux et à la savonnure la plus pure...

Certains disaient qu'ils sentaient la bourrure de collier à plein nez, d'autres, qu'ils étaient pleins de puces, de poux, porteurs du mauvais mal, syphilitiques ou innocents.

Qui croire et à quoi bon le taire ? Les quêteux, comme les ministres et les évêques, il y en avait de toutes les engeances. Des porteurs de crosse sans portefeuille comme des crosseurs tout court. Plus souvent qu'autrement, c'étaient de pauvres gens sans famille, ayant la route pour tout partage.

Des rejetés de la société, des malades, des infirmes, des sans-logis, des laissés-pour-compte, des simplets, des défroqués, des rebelles qui étaient seuls au monde et qui n'avaient d'autre choix pour survivre que d'arpenter la route en demandant la charité pour l'amour du Bon Dieu.

Quelques-uns, par contre, étaient l'exception confirmant la règle et quêtaient par amour du «métier». Poètes, bohèmes, contemplatifs, en choisissant la beauté du monde, ils avaient rejeté l'esclavage, la paternité, les lourdes responsabilités.

C'était le cas d'Adelme Porlier qui passait chez nous trois fois l'an. Adelme était un rêveur qui parcourait la Gaspésie comme un royaume à conquérir. Il était beau dans sa différence, vrai, authentique. Ils n'avaient pas tous sa chance.

Le printemps était l'époque où les quêteux étaient les plus nombreux. Par la suite, Adelme repassait à l'été et une dernière fois vers la fin de l'automne avant de regagner la ville pour l'hiver.

Il va sans dire qu'avec des tempêtes de quatre jours, de la neige par-dessus les maisons et des semaines entières de 30 et de 40 sous zéro, il n'y avait pas un quêteux qui avait l'esprit assez missionnaire pour risquer de se geler le cordon de la bourse dans le «fanil» d'une étable, occupé à écouter beugler les vaches.

C'est ainsi que l'hiver, les quêteux repartaient pour la ville, où certains avaient de la famille. D'autres, plus rares, pouvaient quelquefois trouver à s'engager chez un habitant pour l'hiver où, en échange de menues besognes, on leur assurait le gîte et le couvert. D'autres, plus téméraires, sitôt arrivés à Québec ou à Montréal, se dépêchaient de casser une vitrine et se ramassaient en prison, logés, nourris, blanchis. Aux premiers jours de dégel, ils reprenaient la route les ramenant en cette Gaspésie bénie, fruit de leurs entrailles, verger de leurs envies aumônales.

C'est donc pour cela que les vieux nommaient cette époque de l'année la saison des quêteux.

Des boiteux qui se trompaient de jambe, des sourds-muets parlant trois langues, des bossus qui avaient oublié leur bosse au village voisin, des prophètes, des confesseurs, des jeteurs de sorts, des tireurs de feux, des feluettes et des matamores...

Plus souvent qu'autrement, la quête en était plus ou moins une puisque les quêteux vendaient des services. En effet, la plupart pratiquaient un métier. Certains affilaient les couteaux, réparaient les moulins à coudre, faisaient disparaître les verrues, guérissaient l'eczéma, le zona et différentes maladies de peau, d'autres débossaient les chaudrons, creusaient des puisards, travaillaient la charpente et la ferrure, viraient la meule, étaient violoneux, tapeux-de-pieds ou conteurs.

En fait, à peu près tous les quêteux étaient des conteurs fabuleux. Ils se devaient de dérider leurs hôtes. En cette période où la Gaspésie avait environ dix ans de retard sur le reste du pays, et où la nouvelle avait bien du mal à se rendre, où la plupart ne savaient ni lire ni écrire et se retrouvaient à la remorque des plus instruits qui souvent en profitaient pour les abuser, le quêteux était considéré comme la gazette de la campagne. À juste titre, puisqu'il ratissait toutes les routes du pays, de maison en maison, de village en village, et qu'il avait appris, à l'instar des reporters syndiqués d'aujourd'hui, à embellir ou enlaidir la vérité dépendamment du besoin du moment.

D'ailleurs, plus le quêteux était intéressant, plus l'aumône était généreuse, et plus il était possible qu'on le garde longtemps, une pause qui n'était pas à dédaigner pour se laver, se raser, se vêtir et manger à sa faim quelques jours durant.

Le quêteux devenait, au fil du temps et de ses années de métier, un renard drôlement rusé, capable de deviner à coup sûr les traits de caractère de ses hôtes, sitôt la porte poussée. Ainsi, s'il arrivait dans une demeure où l'eau bénite sentait à plein nez, où se trouvait un crucifix au-dessus de la porte, un calendrier de l'oratoire Saint-Joseph au bas de l'escalier, et un petit Saint-Christophe au-dessus du châssis de la cuisine, il savait qu'il s'agissait d'une famille ultra-catholique. Sans perdre une seconde, il se jetait à genoux en se décoiffant, embrassait le sol, se relevait en se signant, son séant sur ses talons, et se mettait en frais de réciter des litanies en invoquant des saints dont on n'avait jamais entendu parler jusqu'alors. On pensait donc qu'il devait être lui-même un saint et sans aller jusqu'à lui laver les pieds (les Marie-Madeleine étaient rares en Gaspésie à la fin des années cinquante), on le faisait passer à table et on lui donnait ce qu'il y avait de meilleur. Certains, à l'article de la mort, poussaient l'audace jusqu'à se confesser, le quêteux leur imposant alors une pénitence en argent.

Par contre, s'il se pointait dans une maison où, dès son entrée, il remarquait jupon et dessous se balançant au vent d'est sur la corde à linge indiscrète, et s'accrochait les pieds dans une canisse de Miquelon finissant d'agoniser, qu'il voyait sur le mur un violon encore chaud pendu par la mentonnière et l'archet bandé sur la table, le quêteux savait qu'il se trouvait dans une maisonnée délurée, c'est le moins que l'on puisse dire. Alors sans perdre un instant, il commençait à entonner avec force fions, grimaces, tortillages annonçant ses couleurs, une bonne petite grivoise comme on les aimait tant dans le canton, importée deux siècles auparavant de la vieille France.

Alors on officiait sur le moment et, en échange d'une canisse neuve, le hobo déballait son répertoire en enfilant entre les couplets quelques farces gaillardes plus salées que la morue « Gaspé cure gaspésienne », question de reprendre son souffle. Ce qui avait l'heur de plaire. Ainsi, de quémandeur, il passait au statut d'amuseur public.

C'était là la véritable science du quêteux : savoir s'adapter à presque toutes les situations. Il y en allait, de toute évidence, de sa survie.

Parmi les quêteux les plus attendus, il y avait bien sûr le violoneux, qui restait dans la place quelques jours, le temps d'user les planchers et de réunir le canton de maison en maison. Surtout qu'à cette époque danser était péché. Comme si le peuple gaspésien ne travaillait déjà pas suffisamment pour avoir le droit de s'amuser un peu.

Mais comme le curé l'avait dit en chaire, la danse c'est le pire des péchés et là-dessus dogme était clair et en trois dimensions, s'il vous plaît, à savoir que si tu danses, ça implique que tu peux te coller... bien évidemment, que si tu te colles, ça peut décoller et que si ça décolle, c'est bien dur à recoller.

Par ces quêteux, nous avions l'impression, nous, enfants gaspésiens, d'accéder au merveilleux, au mythique, à l'aventure, nous qui avions rarement dépassé les limites du village.

Il faut dire que les quêteux étaient de fins causeurs et de grands conteurs, ils étaient avant tout des personnages surgis tout droit du grand théâtre de la vie. De bien belles compositions que peu de metteurs en scène et de costumiers pourraient réinventer aujourd'hui.

De beaux êtres humains au physique pour le moins ingrat, tout en guenilles, en lambeaux, des coudes aux genoux en passant par les flanelles et le fond de culotte, casquette ou chapeau aux allures de boussole effarouchée.

Il s'en trouvait un qui valait tous les autres à cet égard. Les plus vieux l'avaient baptisé Gribouille. Allez donc savoir pourquoi, d'autant plus que les plus vieux sont toujours moqueurs. À notre âge nous ne savions pas que la moquerie est plus blessante qu'un couteau de poche. C'était un sacré personnage dont nous avions peur. Il faut dire qu'on le voyait venir de loin, pratiquement de chez Tipon Barriault, avec sa carrure de géant et sa démarche qui faisait que l'on ne savait jamais s'il s'en venait ou s'il s'en repartait, parce qu'il marchait les pieds par-dehors comme un pingouin sur une banquise.

Il n'avait pas un poil sur le caillou et son crâne était d'une couleur rouge phosphorescente. Sans sourcils et sans dents, laissez-moi vous dire qu'il était quelque chose à voir. Il avait les épaules larges comme des portes de grange, tellement qu'il prenait toute la largeur du chemin. Plus il avançait, plus nous reculions, blottis à la fois dans la peur et l'étonnement qu'il savait susciter.

Ajoutez à cela des yeux creux comme des racines de rhubarbe enfoncées dans la tête, des yeux sans couleur ayant l'air d'avoir fait le tour du monde avant déjeuner, et voilà un portrait assez complet du Gribouille en question. Avec sa taille tellement imposante et sa nature tellement épeurante, que même les pissenlits se tassaient le long du chemin pour le laisser passer.

Comme je le disais, la pauvreté, c'est relatif. Si les Gaspésiens étaient reconnus pour leur pauvreté, ils étaient riches sur bien d'autres plans. Si l'argent était rare, la mer était poissonneuse comme nulle part ailleurs et avec leur vaillantise, les hommes creusaient le large d'une étoile à l'autre pour en extraire la pitance du jour.

Même si les terres montant dans le pied de la montagne étaient considérées comme des terres de roches, elles donnaient tout de même assez de patates, de choux-raves et de « navots » pour finir de remplir l'assiette à morue et fourrager de quoi nourrir les bêtes durant un hiver de six mois.

Malgré cette prétendue pauvreté, pratiquement tout un chacun alliant jarnigoine et vaillantise se trouvait à peu près autonome, possédant quelques vaches donnant du bon lait, deux ou trois truies toujours sur le bord de cochonner, un étalon digne de ce nom et quelques poules picosseuses et effrontées comme des « beus » maigres, allant au-devant de la visite en piaillant leur curiosité légendaire.

Quand Gribouille posait le pied dans la cour, il se trouvait toujours une poulette, pas de luxe pantoute, pour aller à son devanteau, pressée de lui picorer le gros orteil noir de crasse émergeant de son soulier éventré sans chaussette.

C'est tout ce qu'il attendait d'une fois à l'autre pour nous émerveiller. Il savait trop bien qu'il ne pouvait se permettre de manquer son coup, puisque nous ferions sa meilleure publicité dans le canton.

C'est ainsi qu'il ramassait la première effarouchée qui avait osé s'aventurer jusqu'à son soulier. La saisissant par les plumas, il l'approchait à un pouce de son nez en la dévisageant bien malproprement, et esquissait de sa main gauche quelques signes devant ses yeux. Sidérée, la poule ne bronchait pas. Alors des deux mains, il continuait de la monter à bout de bras cependant qu'elle clignait à gauche et à droite, morte de peur et assurément prise de vertige puisqu'elle n'était jamais montée si haut (chez nous les perchoirs étaient bas), et une fois à bout de bras, comme une victime que l'on va immoler, il regardait droit devant lui avant de la descendre un peu puis se la poser d'aplomb sur le navot, se l'asseoir sur la tête vertement. Cela faisait un bien drôle d'effet, d'autant plus que la rougeur de la crête de la poule rejoignait la phosphorescence du crâne dégarni de Gribouille qui renchérissait, donnant un moment l'impression, tellement l'illusion était parfaite, d'une excroissance, un prolongement de sa

propre tête. La poule restait figée par la crainte, visible-
ment ahurie de voir la vie de si haut.

Le mélange des plumes écrasées sur le dessus de
son crâne arrondi ressemblait étrangement à un chapeau russe. Quelques-uns disaient que Gribouille était
cosaque. Puis tout à coup, se souvenant que nous exis-
tions, il nous regardait en disant : « Vous la voyez, là,
vot' poule ? R'gardez-la ben, parce que vous la verrez
pu... »

Un frisson nous parcourait lentement la colonne
vertébrale et nous étions pris de peur et de pitié pour
cette poule téméraire que nous aimions soudainement
plus que les autres.

Ensuite, il agitait ses mains sur la tête et le cou de la
poule, avec une dextérité savante. C'était beau, et surtout pas improvisé. Puis, il la redescendait prestement
et la posait par terre sous nos yeux affolés. Elle était
comme paralysée, ne pouvait plus bouger, toute démembrée qu'elle était, la tête dans le dos, les ailes de
travers, les pattes en l'air... Elle n'était pas belle à voir.

Après quelques minutes qui nous paraissaient des
heures, jugeant que l'effet recherché avait bel et bien
opéré sur nous, il la reprenait, se la remettait sur la tête.
Je me souviens qu'à ce moment, nous avions toujours
peur qu'elle le gratifie d'un beau tas chaud, qu'elle lui
chaule le coco. Mais non, la pauvre était bien trop
apeurée pour l'inonder de quoi que ce soit, surtout pas
de joie.

Sans nous quitter des yeux, il défaisait alors ses
gestes de tantôt, toujours aussi savamment, et il la
remettait en place, j'allais dire en fonction, avant de la
reposer par terre, où elle se retrouvait comme neuve,
comme si elle n'avait jamais servi. Pas besoin de vous

dire qu'elle n'était pas longue à prendre son trou et que nous étions trois jours sans manger d'œuf... C'est que Gribouille était un ramancheux, c'est-à-dire l'ancêtre du chiropraticien d'aujourd'hui qui est fort respecté et gagne très bien sa vie. La manipulation de la poule était sa façon à lui de faire la démonstration de sa science et de se trouver du travail pour les prochains jours.

À cette époque, on n'allait à l'hôpital que pour mourir, et encore... Si l'on pouvait mourir à la maison, c'était encore mieux. Nos mères avaient donc chacune une petite pharmacie à la maison qui faisait l'affaire.

Quand nous avions mal aux oreilles ma mère disait : « J'vas t'met' une goutte d'urine dans l'oreille pis demain ça va êt' pété... »

Le lendemain, c'était pété, sans prescription ni risque de pénurie de ce remède, puisque tout un chacun en a toujours à la portée de la main.

Grand-père aussi avait sa science pour le mal d'oreille : trois bonnes bouffées de pipe dans l'oreille qu'il bouchait hermétiquement avec une ouate et le tour était joué. Aujourd'hui, les pipeux sont rares et les gens se font de plus en plus tirer l'oreille. L'arrivée des zones « non fumeur » verra sûrement accroître les maux d'oreilles, c'est certain.

En ces temps-là, il n'était pas rare qu'en hiver les gens tombent sur la glace et se cassent des membres. Mais comme personne n'avait d'argent pour aller à l'hôpital, on se disait : « C'est pas grave, ça guérira comme ça pourra... »

C'est justement comme cela que ça guérissait, tant bien que mal. Sitôt le quêteux débarqué, la procession arrivait : on aurait dit une cour des miracles, où chacun voulait profiter de la science de rabouteux, de raman-cheux et de tireux-de-feu du célèbre Gribouille. Sa réputation s'étant répandue outre les frontières gaspé-siennes, chacun remerciait le ciel de pareil envoi de quêteux canonisable dans les siècles des siècles. Mais auparavant, ce dernier se devait d'officier dans l'heure.

Il s'installait toujours dans la bécosse derrière la maison pour opérer, mélangeant l'odeur à la noirceur, à la moiteur et à la raideur des membres déficients du moment. Sans crier gare, il recassait des bras, des jambes, replaçait des épaules déboîtées, ressoudait des clavicules sans autre préambule dans le vestibule du scrupule.

C'est ainsi que, de bouche à oreille, les us et les coutumes, les contes et les légendes traversaient le temps, la vie, la Gaspésie de nos enfances, sans que nous ne soupçonnions les trésors qu'ils portaient en eux.

Mon grand-père disait à juste titre que la nécessité rend ingénieux. Gribouille, aussi bien que d'autres quê-teux et conteurs, nous aura gardés vivants de croyance et de certitude, de contes surtout, sans lesquels nous aurions peut-être désappris jusqu'à la langue des ancêtres occupée encore aujourd'hui à nous survivre.

Quelques jours après son arrivée, Gribouille repar-tait courir les chemins de la vie en cassant des jambes au destin pour mieux coudoyer l'éternité.

Nous n'aurions pas le temps de nous en ennuyer bien longtemps, puisqu'un autre quêteux, encore plus merveilleux, allait bientôt débarquer et que, sans le savoir, il changerait le cours de ma vie : je veux parler d'Adelme Porlier.

11
Le duc du Chikanki

Gaspésie à venir...
Sache que je te porte en moi
De Tracadièche à Cap-d'Espoir
En passant par la Fourche-à-Ida
Et la Butte-Sec à Tipon...

Adelme Porlier, ce hobo, ce poème ambulant, qui avait préféré la liberté à l'esclavage, la route à la maisonnée, l'errance à la décence.

Ce troubadour d'un autre temps, ce plain-chant du pays, ce trouvère sans voix, ce romanichel des anses et des baies, chaulé d'éternité consentante et de gomme de sapin odoriférante.

Adelme était un être merveilleux. À son contact, j'ai appris sans le savoir cette forme de détachement si importante à la création, ce besoin de dire, de nommer et, par ce fait, de durer, de perdurer, de traverser le temps, comme on change de côté de chemin pour boire l'horizon d'une goulée à bout d'yeux sans détour.

Adelme Porlier, contrairement à bien d'autres de ses confrères qui pratiquaient leur profession par obligation, était devenu quêteux de métier, engagé de grand portage, capitaine vasier, éclaireur « swompeux » par besoin d'évasion. Cela remontait à son plus jeune âge. Sa propre mère avait supposément eu toutes les peines du monde à finir de le sevrer convenablement, tant son besoin de prendre le large était puissant. Cela expliquait probablement les contours de sa géographie physique reproduisant à merveille le pays l'ayant

enfanté, tant il est vrai que les gens authentiques finissent toujours par ressembler au pays qui les a mis au
monde.

Le dicton ne pouvait être plus vrai en ce qui concer-
nait Adelme, l'illustre auguste au cœur si grand et usé
qu'il portait en lui tous les battements de tempes des
femmes adultères de la Matapédia, de la Salmonie et, il
va sans dire — ne prophétise pas qui veut —, de la
Gaspésie.

Trop maigre pour faire de l'ombre, fardé d'une
barbe de 15 jours s'apparentant étrangement à la
mousse et au lichen des contrées par trop lointaines,
des petits yeux gris blottis aux fond des orbites limo-
neuses de frayères en montaison, un nez en forme de
crochet à pitoune où auraient pu se poser tous les
oiseaux du paradis en mal de pays d'adoption, des
joues profondes comme le premier matin du monde,
les lèvres luisantes de ceux qui ont la parole en bouche
et le diable dans la fourche, le menton troué comme
un gruyère racé, la pomme d'Adam effilée comme la
faux des fenaisons, une tête de poète sans plus, dominant le monde, ancrée sur un cou efflanqué relié à une
paire d'épaules qui n'auraient pas fini de complexer
Louis Cyr, montée sur un corps frêle d'oiseau de passage au ventre rentré par trop de jours de marche sans
soutane et sans rédemption.

Vêtu de loques de pied en cap, ses hardes effilo-
chées de l'encolure au talon étaient trouées aux coudes
et aux genoux, sans doute par trop de tirs au poignet et
de génuflexions récalcitrantes. Ses godasses, ouvertes
de bout en bout laissaient poindre des restants de bas
de laine rongés par les mites du libertinage et reprisés
à cor et à cri 100 fois sur le métier par des grenouilles

de bénitiers en mal de crapauds passagers pressés de coasser dans la mare du fruit défendu des légumineuses arbitraires.

Ce portrait, cavalièrement brossé avec le dos de la cuiller, en donne un aperçu assez honnête pour lui redonner vie, le temps de traverser mes enfances en semelles de bas.

Autre particularité à ne surtout pas oublier : Adelme portait toujours, comme un reposoir aux oiseaux, un vieux chapeau de feutre bleu ciel, déteint par la sueur des avant-veilles, qui semblait avoir été chaulé à plusieurs reprises tant les coulisses se faisaient lisses et parlantes comme des lignes de la main.

Contrairement à tout citoyen respectable et digne de ce nom, question de joindre l'utile à l'agréable, Adelme portait fort bel et bien le fameux couvre-chef sur le troisième côté de la boîte à poux. Contrairement à tous les bien-pensants de ce monde, il n'alignait pas la pointe par le devant, mais plutôt au 45, carrément sur le côté, si vous aimez mieux.

Ce qui n'était pas sans ajouter à la jaserie l'entourant, comme si sa propre caricature enguenillée ne suffisait pas à faire babiner salivairement les grandes gueules du canton autant que les plus rares ensavonnées de circonstance.

Tant et si bien que chacune de ses arrivées dans le village soulevait l'hystérie collective. Comme s'il s'agissait d'un clown faisant un dernier tour de piste. C'était à qui, à travers lui, saurait se rendre le plus intéressant. Il n'était donc pas rare qu'un paroissien plus effronté que les autres, question de faire rire la galerie et le perron des rémissions, lui demande vertement : « Veux-tu ben m'dire, Adelme, gadême de saint Nicodème de pet blême, comment c'est qu'ça s'fait que tu portes tout l'temps ton chapeau de travers?»

Ce qui n'était pas sans faire s'esclaffer les plus moqueurs. Adelme, loin de s'en formaliser, répondait dare-dare: «Pauvre ignorant du saint Bon Yeu crucifié pour te réchapper, si j'porte mon chapeau de travers, comme tu dis si ben, c'est parce qu'avec le métier que j'fais, c'est la seule affaire que j'peux mettre de côté.»

Adelme, dans toute son humilité missionnaire, venait une fois encore de foudroyer le serpent de l'orgueil communautaire. Il pouvait donc continuer son chemin la tête haute sous son chapeau bas.

S'il n'était pas le bienvenu partout, il l'était heureusement chez nous, ma mère mettant en pratique sa phrase célèbre: «Y en resterait pour un quêteux.» Adelme était avant tout un contemplatif. Il faisait son métier par amour de l'aventure. Son trop grand besoin de liberté, acoquiné à son esprit bohème, l'avait empêché de se marier, de fonder une famille, de bâtir maison, de prendre racine dans les concessions, comme son père et son grand-père avant lui. Adelme jouissait par toutes les pores de sa peau des paysages si grandioses défilant sous ses yeux aux détours de la péninsule qu'il les traversait plusieurs fois par année, comme les saisons traversent le calendrier en perdant des pages chaque fois.

Mais lui avait tout à gagner, à commencer par la confiance, la dignité, la connaissance, en côtoyant les humeurs du pays gaspésien plus grand que nature où folâtraient les muses de sa poésie rédemptrice si souvent engrossée au nez des reines mères et des ruchés piquants, par lui, le faux-bourdon de toutes les survivances séculaires, chargé de garder le pays vivant de sa propre mémoire, de le dire, de le chanter, de l'écrire, de le porter à bout de lèvres comme à bout de bras, en foulant le voyage des dernières fourchées caniculaires, en route pour le « fanil » des concessions, cuvant son trèfle d'odeur à travers les craques de la grange, saoulé de son et de mil pour trois éternités mises boutte à boutte.

Car ce qu'il y avait de plus merveilleux chez Adelme, c'était sa conviction lui faisant dire et redire : « Dans la vie, on ne peut pas seulement prendre, il faut rendre... »

C'est ainsi qu'en complétant sa quête, ses tours de Gaspésie, il s'enivrait carrément du paysage, de la côte, des embruns, des anses et des baies, des colonies comme de l'arrière-pays. Tout lui était pur ravissement. De là à se sentir investi d'une mission, il n'y avait qu'un pas qu'il n'avait pas été long à franchir.

Foulant l'audace pour tâter du merveilleux, Adelme Porlier, contrairement à nous, enfants gaspésiens, qui en avions plus que lui, à commencer par un toit et trois repas par jours, des vêtements propres et beaucoup d'amour, lui, l'Adelme qui ne possédait rien d'autre que ses propres rêves, qui semblait être seul au monde, nous fascinait parce qu'il ne semblait pas avoir de complexes, alors que nous, en tant que descendants de mangeux de morue, c'était plutôt marché conclu.

C'est ainsi que tout le long de sa route, pour remercier le ciel de tant de beautés offertes à son regard et bien qu'il ne savait pas écrire, Adelme composait des poèmes vantant les beautés de ce grand pays, les effluves marins de la liberté consentante en plein jour, l'horizon au bout des yeux colorant sa pupille de bleu de mer et de Bretagne bretonnante ancestrale. Adelme écrivait dans sa tête des poèmes qu'il apprenait par cœur et qu'il récitait comme un oracle en passant le pas des chaumières branlantes, poussé par le vent d'est soufflant du large de son intériorité, en échange d'une bolée de soupe claire et d'une paillasse miteuse pour la nuit.

Et pour se donner encore plus de prestance, il n'avait pas attendu qu'on l'enterre pour aspirer à la noblesse. Empruntant ses titres royaux à une petite montagne du deuxième rang, Adelme Porlier, de la coulée des Valentins, voisinant les Chadet et les Pipon, s'était nommé lui-même en se baptisant le toupet au ruisseau de La Ligne : Adelme Ier, duc du Chikanki.

Quand il arrivait chez nous, curieusement toujours à peu près vers l'heure du souper, après avoir cogné à la porte avec son bâton de pèlerin, il entrait en faisant sa génuflexion et en retirant son vieux feutre cabossé qu'il s'empressait de presser sur son cœur comme une médaille de guerre : « Voici pour vous réunis, mes bons amis, Adelme Ier, duc du Chikanki, qui va vous réciter une poésie... »

Et ça partait comme un chapelet au-devant d'un rosaire : des mots beaux comme on n'en avait jamais entendus, dont parfois on ne soupçonnait même pas la signification ; des mots qui semblaient venir de loin et porter en leurs tréfonds tout l'amour du monde ; des mots venus de l'autre bout de la terre, de la face cachée de la lune, du ventre des marées besogneuses frayant entre deux eaux dans le matin des hémisphères.

C'était tout enfilé comme les grains d'un chapelet, ça ressemblait à un mélange de rogations et de litanies. Ça durait quelquefois un bon cinq minutes qui nous paraissait une éternité, tant cela nous emmenait dans un autre monde. Une fois terminé, il se relevait et nous regardait, le regard luisant comme s'il venait de crever ses eaux pour la mille et unième fois, demandant humblement : « Pis, l'avez-vous aimé, mon nouveau poème ? »

« Poème. » Le mot était enfin lâché... La première fois de ma vie que j'ai entendu parler de poésie, que j'ai entendu le mot *poème*, j'avais cinq ans, à Pointe-Bourg, en Gaspésie. Il était environ six heures du soir, l'hiver avait commencé la veille, et Adelme était débarqué au beau mitan de la maisonnée ronflant l'érable de la truie en chaleur d'entre chien et loup.

Il venait chez nous depuis des années et ma mère l'accueillait toujours à bras ouverts. C'était notre quêteux attitré. Mais moi, c'est le premier souvenir que je garde de lui. Avant, j'étais trop jeune, ou ailleurs qu'en pays de conscience.

Je me souviens que cela m'a frappé en plein front et que cela ne m'a jamais lâché par la suite. Je buvais ses mots comme une fine liqueur, j'étais accroché à ses lèvres comme hypnotisé par quelque chose qui m'émerveillait et m'échappait à la fois. Un mélange de mythique et de surnaturel, je crois bien. Si cela avait été monsieur le curé, le docteur, le notaire ou un des rares notables de Carleton-sur-Mer qui avait employé un tel vocabulaire en pareille circonstance, cela m'aurait semblé le plus naturel du monde. Mais de voir un guenillou, qui arrivait de nulle part pour repartir dans la même direction, tenir un tel langage, cela rendait à mes yeux d'enfant la chose encore plus merveilleuse.

Adelme était rusé. Sitôt sa poésie récitée, il nous mettait au parfum de son emploi du temps et de ses itinéraires, question de devenir encore plus précieux dans l'espace et le temps pour les enfants que nous étions, peu habitués à nous colletailler avec des étrangers de passage. C'est alors qu'il enchaînait :

> Ça m'fait de la peine de vous dire ça, je l'sais d'avance que ça va vous en faire autant, mais j'pourrai pas rester plusse que deux jours... Par rapport que pas plus tard qu'la s'maine passée, j'étais chez la reine d'Angleterre, j'ai pas pu régler tous ses problèmes, faut que j'y r'tourne la s'maine prochaine en plusse de d'ça, comme si c'était déjà pas assez, c'est pour dire pareil qu'on sait pas... Pas plus tard qu'hier, en travarsant le crossing des b'lettes, un messager du roi m'a rejoint à bord de son carrosse doré pour me r'mettre un télégramme de Jackie Kennedy qui, elle aussi, a des affaires à régler... C'qui fait qu'y peut pas faire autrement que j'pourrai pas rester indéfiniment... Deux jours, c'est l'mieux que j'peux faire pour faire le tour...

Cela chagrinait bien sûr nos cœurs d'enfants et il le savait trop bien. Nous qui étions tellement impressionnés par ce moins que rien qui avait l'air de frayer avec les plus grands de ce monde : pensez donc, Jackie Kennedy et la reine d'Anglettre dont nous n'avions jamais entendu parler ! Remarquez qu'on ne manquait pas grand-chose, mais cela, on ne le saurait que longtemps après...

Comme ma mère le ferait généreusement à toutes ses visites suivantes, elle alla quérir un vieux rasoir de mon père et aussi des vêtements usés à la corde mais propres, qui fleuraient bon le savon du pays et l'amour, avant de l'inviter à passer au lavabo pour se lavocher un brin. Adelme ne se fit pas prier, Dieu sait à quand remontait la fois d'avant.

Une fois rasé de près, et propre dans les vieux vêtements désormais tout neufs de mon père, Adelme était invité à passer à la table ; même si nous n'étions pas riches, loin de là, ce n'était pas un problème, puisqu'il en restait toujours pour un quêteux.

Après avoir avalé goulûment la soupe du pays comme un chiot affamé, en lapant les dernières goulées, Adelme se délectait des restes de la morue du jour attifée de lard salé et, pour finir, d'une bonne tasse de thé King Cole et d'une pointe de tarte à la farlouche. C'était là bien plus qu'il aurait pu souhaiter.

Une fois rassasié comme une fin de veille, il venait s'asseoir à côté de la grosse truie en chaleur laissant échapper ses derniers râlements d'érable. Le poêle était toujours rouge en cette saison de l'année, ma mère disait que nous chauffions le dehors.

Repu d'amitié et de nourriture, Adelme prenait une berceuse par la bride et la collait le long du poêle avant de s'y recroqueviller comme un fœtus contrarié. Il approchait tellement sa chaise du poêle que nous avions peur qu'il prenne en feu. Le spectacle était beau à voir. Il faisait toujours un peu brun dans la maison. Sur les quatre ronds du poêle, il y en avait deux qui étaient fendus ; il n'y avait que la confiance qui tenait les morceaux ensemble, comme disait ma mère.

C'était de toute beauté de voir l'Adelme, bien calé dans sa chaise, avec la rougeur sortant des craques des ronds du poêle venant peindre son visage d'éclairs, le rendant encore plus fantomatique à nos yeux.

Et comme si le portrait n'était pas suffisamment attachant, je me souviens que nous l'aimions aussi pour autre chose : il était un gosseux remarquable.

Le gosseux, c'était le sculpteur du temps. C'est lui qui gossait, dans le pin, dans le chêne, le pommier ou

l'érable, l'hiver durant, de beaux meubles, des bahuts
en queues d'arondes, ou des canapés que nous appelions baiseuses, à têtes de violons, ce qui prenait du
temps à faire, le soir à la veillée, au couteau de poche.
Qu'importe le temps, puisqu'il ne coûtait rien, qu'il
fallait le tuer pour rester vivants, et que ce souci de « la
belle ouvrage » était hérité des ancêtres, ressoudus de
sur l'empremier sur les bateaux du temps largués de
Saint-Malo, de La Rochelle, de Dieu-sait-où, et que c'est
tout ce que l'on pourrait laisser en héritage aux générations suivantes. C'est pourquoi on prenait le temps de
le faire, pour qu'il puisse traverser le temps, durer
longtemps.

Adelme était un des derniers représentants de cette
lignée de gosseux échoués en pays gaspésien, bien qu'il
ne fit pas de bahut puisqu'il n'aurait rien eu à mettre
dedans et encore moins de baiseuse puisqu'il était
vieux garçon et que son archet pouvait bien rosiner les
têtes de violons sans aller plus vite que la musique. De
plus, il n'était pas là pour l'hiver, deux jours tout au
plus, son règne le réclamait aux quatre coins de son
trop grand royaume.

Bien calé dans sa berceuse aux chanteaux consen-
tants, assouvi et éclairé par les flammes dansant en
dessous des fentes, il était beau à voir, se préparant à
officier.

12
Le petit Guillaume

Gaspésie ministrable
Et mal administrée
Ma mouette désargentée
Ma carte postale désaffranchie
Je n'en finis plus de te répondre...

Photo : Charles Bernard.

Bâtiment des Robin à Cap-des-Rosiers, vers 1948.
Photo : Parcs Canada.

Triage de l'éperlan à Carleton.
Photo: Charles Bernard.

Pêcheurs de homards.
Photo : Charles Bernard

Huguet Pruneau, 10 ans, fille d'Albert Pruneau,
à Cloridorme Ouest, en 1958.
Photo : Fonds Carmen Roy.
Musées nationaux du Canada, n° J15135.

*Un journaliste interview un groupe de grévistes, en 1957,
lors de la grève de Murdochville.*
Photo : Collection Émile Boudreau.
Centre d'archives de la Gaspésie, n° P94.

L'accusé Wilbert Coffin accompagné d'un policier, en juillet 1954.
Photo: Fonds Charles Bernard.
Centre d'archives de la Gaspésie, n° P67.

Un aspect de la route panoramique.
Photo: Fonds Charles Bernard.
Centre d'archives de la Gaspésie, nᵒ P67.

L'AIR DE RIEN, il ne savait que trop bien la fascination qu'il exerçait sur les enfants que nous étions.

Calculant ses effets, il se berçait à peine quelques instants, le temps de faire grincer les vieux chanteaux sur le plancher d'érable déroulant ses nœuds comme autant de serpents vénéneux.

Puis, jugeant le moment favorable, la tension gonflée à bloc, il se penchait sur la boîte à bois pour se saisir du premier morceau venu, qu'il examinait avec beaucoup d'attention, le retournant à maintes reprises dans ses mains d'écorce tendre reprisées tant de fois le long des routes menant tout droit au cœur de soi, pays qu'il portait en sa besace depuis ses avant-vies et qu'il cherchait à transplanter dans les cœurs comme autant d'appartenance ourlée de trèfles à quatre feuilles.

Une fois repéré le meilleur côté de la bûche, il la rapprochait de ses yeux et la scrutait d'encore plus près, la jaugeant, comme s'il se fut agi d'un intrus ou d'une proche parente depuis trop longtemps perdue de vue.

Fouillant ensuite dans sa poche, il finissait par en sortir, pour notre plus grand bonheur, un couteau de poche racorni et usé par le temps et les longues nuits de veille passées à officier dans les secrets du silence. De peine et de misère, il finissait par l'ouvrir pour faire briller au-dessus de la craque d'un rond de poêle la lame ébréchée et rouillée d'où tombaient de la terre et des écorchures.

L'œuvre pouvait enfin commencer à venir au monde.

En respectant les nœuds du bois, il se mettait en frais de lui insuffler la vie. Cela nous épatait, d'autant plus que nous étions habitués, avec les bûches, non pas à donner la vie, mais à donner la mort en les mettant dans le poêle qui nous les rendait en petits tas de cendre. Alors qu'Adelme, le quêteux de grand chemin, dont chacun aimait bien rire, faisait d'une simple bûche de bois un être animé, ce qui le rendait encore bien plus précieux à nos yeux d'enfants curieux, n'ayant jusqu'alors pas vu grand-chose.

Creusant les nœuds du haut, il en tirait, l'ongle dirigeant la lame, des yeux creusés à même l'eau des marées premières. Dans les veinures, et l'écorce, il taillait un front ridé, autant qu'un labour de terre consentante, où on pouvait lire entre les lignes toute l'histoire de l'humanité, de l'arche de Noé à la déportation des Acadiens, en passant par Galilée et les Rois mages, puis sans se soucier de nos petites têtes par-dessus ses épaules, il continuait sa descente jusqu'au nombril chargé de donner la vie qu'il rondissait comme un bouton à quatre trous sans passage ni aiguille démagnétisée pour la circonstance, après avoir pris soin d'éclisser un grand nez capable de morver sur une manche sans attraper un torticolis, puis de sculpter des joues aussi creuses que les siennes, se trahissant au même instant, ce qui finit par me faire croire qu'Adelme se représentait chaque fois.

Venait ensuite le tour de la bouche, ce qui n'était pas une mince affaire. Une bouche goulue, une bouche voulante, semblant porter la parole sur tous les hémisphères, dans laquelle il prenait bien soin de gosser une dentition de cheval de reproduction à laquelle il manquait toujours deux dents, du même côté que la sienne... comme par hasard. Ensuite, d'un coup de lame bien appuyé par son ongle noirci, il faisait partir un copeau imposant, question de trouer le menton, d'en faire une écuelle d'où le désir serait bien aise de prendre son envol une fois pour toutes.

La pomme d'Adam n'avait pas à rougir de son titre, proéminente comme une corne de « beu » maigre picochant la vérité, avant que le sorcier ne fasse courir sa lame sur une paire d'épaules menues. Pour terminer cette première étape, il prenait bien soin de creuser le ventre du bonhomme, trahissant du même coup la faim séculaire des gens du voyage qui était cent fois la sienne.

Sans jamais nous jeter un regard, question de donner au mystère un peu plus de lait Carnation, il mettait son travail à la serre, bien au chaud de lui, entre sa cuissière et le dedans de la chaise berceuse collée sur le poêle rouge de jalousie, puis se saisissant des copeaux de dégrossissage semés à hue et à dia en début d'office, il se mettait en frais d'en faire des bras et des jambes qu'il perçait aux extrémités. Une fois l'opération terminée, il se roulait sur la fesse droite, pour tirer de sa poche un vieux bout de corde à paquets dont il se servait pour relier les pieds aux jambes et les mains aux bras, avant que de relier ceux-ci au tronc avec des petits clous à tête, plus souvent qu'autrement rouillés, qu'il tirait d'une petite canisse de la même poche de fesse.

Autant dire qu'il était assis sur son coffre-fort, sa descendance.

Adelme dévisageait maintenant à hauteur de menton le petit bonhomme, dans toutes ses rondeurs, le tournant et le retournant, passant du ventre au dos, de la cuisse au talon, de l'épaule à la fesse, examinant bien si toutes les articulations répondaient à leur mission première qui serait de danser la gigue au son du violon de grand-père.

C'est alors qu'il me demandait, solennel, en tirant encore une fois de sa poche un bouchon de bouteille de bière Dow ayant fait la guerre et me le tendant: «Sylvain, va donc me qu'ri un bouchon de saindoux en arrière du poêle...»

C'est qu'il connaissait bien mon manège, raconté précédemment par ma mère qui mettait son pain à lever dans une cuve derrière le poêle, qui devenait bien ventru d'odeur et de goûtance et qui me forçait, chaque fois, à lui déchirer sur la ventraîche une éguibure digne de mention que j'aimais bien à rouler sur ma langue comme un tétin de sevrage que je ne connaissais pas encore. Ma mère n'était pas si contente, puisqu'à chaque fois cela faisait redescendre sa pâte. Alors, pour masquer ma défaillance, je faisais fondre un peu de saindoux dans une petite écuelle posée derrière le poêle, et je m'empressais après mon péché d'envie de lui badigeonner l'échancrure pour qu'elle cicatrise au plus vite. Adelme connaissait ma cachette qui, au moment opportun, le servait bien aussi.

Me saisissant alors précieusement du bouchon, comme investi d'une mission, je le gorgeais à ras bord du saindoux dont Adelme se servait pour huiler les articulations de sa marionnette. Après bien des essais, après plusieurs ajustements de circonstance, la jugeant prête, il pouvait alors poser le dernier jalon qui la relierait à la vie. Se ressaisissant de son couteau de poche, il se mettait cette fois en devoir de creuser un trou fin dans le dos de son personnage, ce qui ne s'avérait pas une mince tâche, puisque la lame était cassée au bout, et qu'il n'était pas aisé du tout de faire un trou de la sorte. Avec le temps qu'il faut pour mettre la vie au monde, il y arrivait cependant. C'est seulement alors qu'il pouvait passer à la dernière étape. S'emparant d'une éclisse endormie au milieu du plancher, il la gossait sur la longueur avant que de l'apointir pour finalement en transpercer le dos du petit bonhomme, vérifiant la solidité de celui-ci en tournant à la serre.

Jugeant son œuvre achevée, il se penchait de nouveau sur la boîte à bois et, en fouillant, il finissait toujours par y trouver un vieux bardeau de cèdre parti au vent la tempête d'avant dont nous nous servions pour partir les attisées. Il le posait à plat sur son genou, y étalait sa paume comme pour y prolonger la vie et, prenant le danseur par le petit bâton planté dans son dos, il se mettait en frais de lui faire danser sur le bardeau une gigue endiablée capable de sécher tous les bénitiers des églises du comté, en tapant du pied et en miounnant des airs venus soudain d'un autre monde, qu'il sortait goutte à goutte comme d'un alambic replié des babines au menton en moult grimaces généreuses et scandant :

> Danse, mon Guillaume, danse-la ta gigue, c'est pas le temps de faire honte à mon couteau de poche qu'a travaillé fort pour faire du monde avec toi, encore moins à la visite qui veut te voir danser toute la nuit, jusqu'à temps que la sueur te coule du front. Danse, mon

Guillaume, sinon les démons des enfers de tous les cosmos décosmoscosés te jetteront au feu comme la bûche que t'as toujours été, pis tu finiras dans les flammes des enfers d'une truie en chaleur engrossée d'érable et de frissons varlopeux, dans les siècles des siècles, ainsi soit-elle au nom du ciel, de la terre et de l'Anse-à-Beaufils, saint si christ...

Sur ces derniers mots, qui semblaient sortir tout droit d'outre-tombe, Adelme cessait de marteler le plancher et posait son Guillaume sur ses genoux, tout trempé de sueur, de l'encolure à l'étambot...

Puis se retournant vers ma mère, il lançait invariablement:

Vous avez un poêle qui tire bien en saudit verrat dans une p'tite saumure... Astheure que mon Guillaume est trop fatigué pour continuer la veillée, m'en vas ranger mon violon.

Au même moment, il sortait un vieux peigne à queue de sa poche de chemise et se raclait l'ongle du pouce sur ses dents creuses, imitant ainsi une corde de violon cassée.

Je l'ai toujou' dit, la rosine, c'est comme la margarine, quand c'est ben couleuré, ça peut ben pas manquer de faire autrement qu'empêcher de coller au fond. Un archet ben bandé peut faire toute la différence. La musique est là pour se laisser chatouiller, oubliez jamais ça dans vos prières de bénitiers...

Nous restions accrochés à sa parlure, à ses gestes, bien loin dépassé les derniers martèlements de pieds sur le vieux prélart fleuri «déteindu» de la cuisine, habitant les gestes gaillards et pleins d'entrain du petit

Guillaume sorti d'une bûche de bois et de l'imagination débridée d'un conteur de village engagé pour l'hiver. Ce soir-là, nous nous endormirions tard, après bien des rêves, les oreilles dans le crin.

Adelme se rendait bien compte que ses poèmes et son petit Guillaume m'intéressaient beaucoup plus que les autres. C'est sans doute pour cette raison qu'il m'avait dit, après cette première veillée improvisée, ce qui resterait à jamais gravé dans ma mémoire, comme un héritage précieux ressoudu de temps immémoriaux : « Sylvain, quand j'vas r'venir, j'vas t'en am'ner un p'tit Guillaume... »

Il n'aurait pu me rendre plus heureux. Je m'étais couché riche, cette soirée-là. Plus que de coutume, grâce à la complicité de maman qui avait retardé son couvre-feu pour que nous puissions boire à nos aises les propos du sage homme, dont elle soupçonnait certainement les pouvoirs.

Tel qu'annoncé à son arrivée, Adelme repartit le lendemain du deuxième jour, après souper, sur le coup de sept heures. C'était vers la fin de novembre, je m'en souviens comme si c'était hier. La même semaine, avec mon frère Gaston, de quatre ans mon aîné, nous avions monté des parcs à lièvres dans la Butte-Sec à Tipon, sans ménager le chou qui servait pour l'occasion d'appât. Le ruisseau à Pipette avait commencé à geler, les branches à fleur d'eau gardaient quelques trouées à l'encolure, tout au plus. Dans une semaine encore, nous pourrions patiner sur le cul et la bottine, chaussés de nos cannes de lait Carnation comme de patins magiques.

Il faisait noir comme chez le loup. Une nuit sans lune ourlant du givre aux fenêtres de nos vies. Après avoir fripé son assiettée bellement, Adelme s'excusa et

annonça, en se raclant la gorge, son départ immédiat.
Ce qui n'eut pas l'air de surprendre mes parents, mais
qui contribua à m'attrister, surtout en le voyant refer-
mer son baluchon sur le petit Guillaume suintant
encore la sève de la veille, moi qui trouvais intrigant
qu'il m'en promette un à son prochain passage, alors
qu'il aurait pu me le laisser maintenant, que son baluchon n'en aurait été que moins lourd et mon cœur
d'enfant soudainement plus léger.

Mais il était trop savant intérieurement pour savoir
qu'il n'aurait pas ainsi créé le besoin, que ma curiosité,
toute naturelle qu'elle soit, n'aurait pas été aussi aigui-
sée si j'avais pu joindre l'utile à l'agréable d'aussi verte
façon, c'est le cas de le dire.

Néanmoins, je trouvais cela bizarre qu'il parte à la
noirceur. Dans ma tête d'enfant, je me disais : « Pourquoi ne reste-t-il pas jusqu'à demain ? Au moins, il pourrait partir à la clarté et ainsi retrouver ses chemins. »

Du haut de mes cinq ans, je montai sur la pointe des
pieds pour le voir partir à travers le châssis double
complètement givré qui lui donnait soudainement une
allure fantasmagorique. Je me souviens aussi, qu'aussi
loin que mon regard pouvait le suivre j'essayais de ne
point le perdre de vue, car j'avais de la peine pour lui.
Je me disais : « Il va mourir gelé dans les bois, ou peut-
être de faim, alors qu'avec nous il ne manque de rien,
ni de manger, ni de paillasse où étirer la nuit venue son
corps fatigué et menu, ni d'amour. » Chez nous, la
maison en était pleine, à un point que nous ne soupçonnions même pas.

Dans ma tête d'enfant, sitôt que mon regard avait
laissé filer son ombre sur la croûte complice, je m'étais
dit tout bas, comme pour nourrir mon rêve, celui qui
nous garde au chaud de nos vies jusqu'en l'éternité :

« Un jour, moi aussi, j'étudierai pour devenir quêteux de profession et m'en irai par les chemins réciter des poèmes et des contes à qui voudra bien les entendre, en échange d'une soupe et d'un toit. »

Après tant d'années, au cours de mes nombreuses pérégrinations tant en Europe qu'au Québec, quelquefois seul dans une gare ou un aéroport, en un moment d'émotion ou de nostalgie passagère, j'ai une pensée bien légitime pour celui qui, sans même le soupçonner, aura été mon maître à penser, le brave Adelme Porlier, quêteux de métier, à qui, en levant les yeux au ciel, j'adresse ces quelques mots :

> C'est pourtant vrai, Adelme, qu'on fait le même métier. Ah ! bien sûr, je le fais d'une façon plus moderne, avec mes valises à roulettes chargées de livres, de contes et de poèmes, alors que toi, tu portais tout ça dans ton baluchon sur l'épaule. Mais je sais que le même besoin nous habite, celui d'aller vers les autres comme on va vers soi, pour se connaître, se bonifier, confronter l'étranger dont la pupille finit tôt ou tard par parler notre langage. Pour le même besoin d'amour, de tenir l'éternité dans nos bras efflanqués, le temps de se savoir vivant à l'étroit de soi-même.

Si Adelme était parti vers sept heures, cela ne tenait pas du hasard, pas plus que le fait de bien prendre soin d'apporter avec lui le petit Guillaume.

C'est plutôt que, avec les quelques sous que ma mère lui avait refilés peu avant son départ en échange de ses menues besognes, l'Adelme pouvait se rendre au grill de l'hôtel *Chez tante Jeanne*, où se réunissaient toujours après souper les grandes gueules du village et les paires d'épaules attelées en double pour refaire le monde.

Comme cela faisait deux jours qu'Adelme passait chez nous, et qu'il n'y avait pas grand-chose dans notre ordinaire pour alimenter la nouvelle, comme demain il changerait de paroisse, il se devait d'arriver chez ses prochains hôtes la besace pleine de nouvelles et de ragots de cantons. Après tout, il y allait de sa propre réputation, chèrement payée, de gazette de campagne et aussi de la générosité des gens par rapport au débit de son verbiage.

Au grill de l'hôtel, il pourrait se payer une grosse Dow, lui qui savait bien comme tout conteur digne de ce nom que les nouvelles, comme les contes et les chansons, sont toujours au fond de la bouteille, jamais au bord du goulot... Et quelquefois même au fond de la deuxième bouteille, ce qui rend le chroniqueur à coup sûr bien plus méritant. C'est comme cela pour toutes choses, car n'est-il pas vrai que l'on voit plus de choses par un petit trou que par un grand? Chacun de nous a déjà regardé par le trou d'une serrure. Ce qu'il y a de plus merveilleux dans ce péché pieux, ce n'est pas tant ce que l'on y voit que ce que l'on pourrait y voir. Le merveilleux réside malheureusement dans le défendu; pas étonnant alors que nous passions notre vie à sauter les clôtures, pour essoucher, dérocher, labourer, le sac à graines sur le côté...

Et comme Adelme n'avait pas d'argent pour se payer la deuxième bière, c'est là que le petit Guillaume prenait son service, qu'il arrivait à la rescousse.

Adelme faisait du troc avec celui-ci. C'est ainsi qu'il pouvait le vendre à un père de famille qui l'apporterait à ses enfants pour se faire pardonner par sa femme de s'être arrondi la plante des pieds une fois de plus, quand ce n'était pas carrément au propriétaire de l'hôtel qui le lui échangeait contre une grosse Dow, quitte à le revendre le lendemain avec la satisfaction d'avoir accompli une double bonne action.

Le lendemain, Adelme disparaissait pour quelques mois encore.

À chacune de ses nouvelles visites, j'allais à sa rencontre et, profitant qu'il était occupé à se raser à la demande de ma mère, j'allais tâter son baluchon pour me rendre compte que le petit Guillaume ne s'y trouvait pas, toujours à ma grande peine. Pourtant je ne lui en laissais rien voir, tellement démuni qu'il était, alors que moi, flanqué de mon père, de ma mère, de mes frères et de ma sœur Lélé, dans une mansarde chauffée à bloc et pleine d'amour, j'étais beaucoup plus riche que lui.

Néanmoins, il se souvenait de sa promesse et, avant de repartir, me redisait toujours, comme pour se faire pardonner : « Sylvain, j't'ai pas oublié. Dans la vie, on fait pas toujours tout c'qu'on veut, mais tu perds rien pour attendre, c'te fois-là, c'est pour la prochaine fois... »

Je n'en grandis pas moins comme tout le monde, au fil de ses nombreux et mémorables allers et retours.

13
De saumure
et d'eau douce

Gaspésie à venir...
Tes frissons m'habitent bien trop pour te taire
Je te porte haut et fier
À la boutonnière de mes ratures
En me riant de passer pour régionaliste et patoisant
D'Ottawa à n'importe où
Car c'est de l'intérieur que je remonte en toi
Par la cuissière des autrefois...

J'EUS 8, 10, 12 ET FINALEMENT 15 ANS. Je commençais à ne plus avoir l'âge de jouer avec des petits Guillaume. Cependant, je tenais toujours à ce précieux trésor, tant il est vrai que ce dont on rêve est mille fois plus important que ce que l'on a qui, quelquefois, perd de l'intérêt sitôt en notre possession.

Je me souviens que, vers l'âge de 15 ans, j'ai grandi tout d'un coup. Comme une échalote, une maigrasse pliant à tous les vents. Pour agrémenter le tout, j'avais la face pleine de boutons, ce qui fait que j'étais drôlement complexé. Pire encore, je me haïssais carrément. Comme si mes complexes ne me suffisaient pas, je devins en même temps un révolté de haut niveau.

J'avais beaucoup de misère à accepter, en fait je n'acceptais pas du tout, pas plus que je l'accepte aujourd'hui ou que je l'accepterai jamais que, habitant un si beau et grand pays comme la Gaspésie, où foisonnent tant de richesses naturelles — à commencer par les pêcheries, l'industrie forestière doublée des pâtes et papiers, un sous-sol riche de plusieurs gisements de différents minerais inexploités comme le cuivre et l'or, et riche d'un potentiel humain inestimable —, que l'on continue de canton en canton et de village en village à croire que nous étions nés pour un petit pain, que nous ne pouvions espérer qu'être de bons deuxièmes, une main-d'œuvre bon marché pour les villes, de bons mangeux de morue provenant de la Floride des pauvres. Je ne pouvais m'incliner devant cette image, surtout quand je voyais autour de moi des gens merveilleux. Pour moi, il était déjà clair que les véritables héros, ce n'était pas dans les films américains que je pouvais les trouver, mais bien dans mon entourage. Ils étaient pêcheurs de métier, mères de 18 enfants, quêteux, sages-femmes, *lumberjacks*, journaliers, forts-en-gueule ou sourds-muets de naissance et avaient pour noms Ph'lippe à Valentin, Monsieur Mick, Tipon, Maggie, Claire à Jack, la Galette, Six-Pintes, Ti-Jules, Ti-Will, Madame Germaine ou Désiré-les-Lilas...

C'est ainsi que pour communiquer, puisque j'étais trop timide pour parler, pour m'ouvrir, pour aller vers les autres, je me suis souvenu qu'Adelme écrivait des poèmes et je me suis mis à rêver du jour où j'en ferais autant.

Dès le départ, pourtant, je sus clairement que si j'écrivais, ce serait pour parler des gens ordinaires, des gens vrais, ceux dont les racines fleurissaient le cœur et dont les écailles de hareng finissaient d'argenter les tempes.

Aujourd'hui encore, ce dont je suis le plus fier, après une trentaine d'ouvrages, c'est de m'y être tenu. Et le plus beau privilège de ce métier de conteur, pour moi, c'est de pouvoir donner la parole à des gens qui ne l'auraient jamais prise autrement. Voilà, à mes yeux, le véritable prix de tant de ratures.

La vie continua son chemin, me prenant à son bord pour le reste du voyage. J'eus finalement 17 ans et partis étudier au Cégep de Rimouski. J'en sortis quelques années plus tard avec un diplôme en lettres, après un détour en techniques administratives et en marketing.

Puis je me rendis à l'Université Laval que je quittai une session plus tard pour n'y jamais revenir, n'ayant pas trouvé ma place dans ce grand fourbi de connaissances, à 150 élèves par classe et professeur à micro.

Muni d'une bourse, je partis pour Haïti où je demeurai un mois. Sitôt de retour, je levai le pouce en direction de Vancouver où je travaillai quelques mois, le temps de me rendre compte que si nous habitions un même grand pays, il en était tout autrement de la culture. C'est ainsi que j'aboutis un peu plus tard sur la Côte-Nord, où je passai deux ans à accomplir diverses besognes.

Finalement, je revins en Gaspésie avec la ferme résolution de retourner à l'université, y ayant préalablement fait mon inscription. Là encore, le destin devait mener mes pas dans d'autres directions. À la suite d'un appel téléphonique que j'avais fait, j'ai trouvé l'occasion d'aller travailler à la Baie-James.

Je ne fis ni une ni deux et partis pour les camps d'exploration de Laforge et de Fontange, avant d'aboutir à Caniapiscau et finalement à LG-2, où je restai en tout quatre ans, à faire 4000 sandwiches par nuit. Bien malgré moi, j'étais devenu un homme-sandwich.

Au petit matin, quand j'avais fini mon travail, je m'assoyais sur une poche de farine et j'écrivais des poèmes qui parlaient bien sûr de ma Gaspésie et des gens merveilleux qui en ont fait, au cours des siècles, le pays authentique que l'on sait.

Au bout de la troisième année, j'avais un manuscrit de prêt que j'envoyai à de nombreux éditeurs et dont personne ne voulut. Qu'à cela ne tienne ! Comme je ne rêvais pas de voiture de luxe et que mes aspirations étaient ailleurs, je décidai de publier mon premier ouvrage, *De saumure et d'eau douce*, à compte d'auteur, à l'Atelier des Sourds de Montréal.

Quand vint le temps de trouver une illustration pour la couverture, je me souvins encore une fois d'Adelme et de deux de ses dictons qui m'avaient porté jusqu'alors. Le premier disait : « Si tu veux savoir où tu vas, va donc voir d'où tu viens. » Ce qui pourrait se traduire ainsi : Comment être vrai sinon en étant authentique et fier des racines de son pays natal.

Le deuxième était de son cru, je crois. Dans tous les cas, il lui allait à merveille : « Dans la vie, on ne peut pas seulement prendre, il faut rendre. » Je m'en suis souvenu et me suis dit que si j'écrivais, si j'allais publier un premier livre, c'était bel et bien grâce à lui et qu'il en avait d'autant plus de mérite qu'il n'en soupçonnait rien.

Je me rendis alors en Gaspésie avec un photographe professionnel, décidé à le retrouver après tant d'années pour prendre sa photo qui illustrerait mon premier livre. Je voulais ainsi lui rendre hommage en l'immortalisant.

C'est bien connu : un quêteux ne laisse pas plus d'adresse qu'il ne possède de numéro d'assurance sociale, rendant ainsi les recherches plutôt ardues. Néanmoins, après une semaine de cavale, je retrouvai sa trace pour apprendre qu'il était mort depuis deux semaines.

Cela me causa une double peine. La première était la photographie de couverture dont je devrais me passer et la seconde, le sentiment douloureux que mon enfance était partie avec lui, sous les traits de ce fameux petit Guillaume dont j'avais tellement rêvé et que je n'avais jamais reçu.

Il faut dire que même si j'avais passé depuis long-temps l'âge de jouer avec des petits Guillaume, pour moi, c'était drôlement important pour l'imaginaire.

Je n'en fis cependant pas une dépression et, quel-ques jours plus tard, la vie me ramenait à de meilleurs sentiments, d'autant plus que mon esprit fataliste me permet de voir des signes dans ce qui pourrait de prime abord paraître négatif. Ainsi, plutôt que de vivre les choses en victime, je préfère m'en servir pour grandir et aller plus loin.

La mort d'Adelme éveilla donc une double symbo-lique en moi. La première, c'est que ce qu'il avait à me donner il me l'avait donné de son vivant; pour le reste, c'était à moi d'en réinventer les images, la gestuelle et les formes. La deuxième, c'est qu'il faut travailler avec les matériaux que nous avons sous la main et comme il restait tant et tant de gens à dire et à nommer, à chan-ter et à mettre en scène, il me fallait continuer.

Néanmoins, j'ai tenu à m'acquitter de ma dette envers lui en lui dédiant ce poème éponyme:

ADELME PORLIER

Tu m'as enseigné la rime
Et appris à trapper la muse
En me léguant le Chikanki
Et la coulée des Valentins
Tu m'as aussi montré la frime
Et à comment rompre le pain
Sans jamais provoquer la ruse
Ni sans raison briser la mie

Tu m'as donné la liberté
Dedans un revers de la main
Toi le coureur de grands chemins
Enfanteur de lointains étés
Mais quand tu m'as dit la Butte-Sec
J'ai bien su lire sur ton visage
Que la bohème était poète
Et qu'elle courtisait tes voyages

De fidèle mémoire de l'œil
J'ai de cordés en souvenir
Quelques restes de tes désirs
Au chaud à l'abri de l'orgueil
Par amitié et par sagesse
Comme le visiteur qu'on reçoit
Trop souvent au-dedans de soi
Pour mieux mesurer ses gestes

D'aussi loin qu'il m'en souvienne
À mi-chemin entre nos vies
J'ai encore à te dire ceci
Que tes ailleurs étaient les mêmes
Que ceux que je piège aujourd'hui
À la poursuite de mon destin
Blotti à l'ombre de l'ennui
Où tu ancrais tes lendemains

Si dans quelconque éternité
Il faut que nos chemins se croisent
Sache que j'aurai l'œil éméché
Et si ma mémoire te toise
Encore une fois en ce jour
C'est qu'elle aura la souvenance
D'un vieillard qui savait l'amour
Et l'engrangeait comme semence

Peu après que le recueil encore tout chaud fut sorti des presses, j'organisai un gros lancement dans mon village natal de Carleton, avec des chanteurs et des conteurs qui vinrent réciter mes textes et chanter mes chansons. Question de rendre la chose plus vivante, j'installai trois vieux pêcheurs dans une barque sur la scène et, pour faire plus vrai, comme à tout bon pêcheur qui se respecte, je leur filai entre les cuisses une bouteille de rhum, pour ne pas qu'ils trouvent la soirée trop longue. Au fur et à mesure qu'elle se déroulait, les bouteilles baissaient et la chaloupe tanguait. Si bien qu'à l'entracte, Raymond Lévesque dut aider les pêcheurs «à faire côte», le troisième ayant perdu sa claque sur les battures de l'ivresse poétique bien malgré lui, au désespoir de Raymond n'ayant jamais vu mise en scène aussi vivante.

Quant à moi, je me réservai un moment dans la soirée pour rendre hommage à Adelme, en récitant le poème écrit à son intention.

Le lendemain, avant de repartir pour Montréal, j'arrêtai saluer mes parents et reçut du même coup un appel téléphonique d'une dame me demandant de passer chez elle pour prendre réception d'un paquet m'étant destiné. Bien qu'étonné, je décidai de passer. Sitôt entré, d'un ton solennel, elle me fit asseoir à la cuisine et disparut au grenier d'où elle revint quelques minutes plus tard avec un vieux sac à patates tout chiffonné qu'elle me tendit avec le sourire le plus généreux qu'il me fut donné de voir dans ma vie. Elle dit: «Tenez, ouvrez, c'est pour vous... »

J'hésitai quelques minutes et finis par ouvrir le sac, tiraillé entre l'intuition d'un bonheur et celle d'une farce de mauvais goût.

Quelle ne fut pas ma surprise d'apercevoir au fond du sac mon enfance terreuse finement blottie, recroquevillée comme un fœtus refusant de venir au monde.

Avec des gestes tendres que je ne me connaissais pas, je saisis le petit Guillaume et le portai sur mon cœur, à la fois heureux et tourmenté de sa provenance mystérieuse.

Je compris alors bien des choses et surtout que l'on n'échappe jamais à son destin, qu'il soit de terre noire ou de gros sel.

Cette femme était mariée avec le neveu d'Adelme. Son beau-père se trouvait donc être le frère de celui-ci. À la mort de ce dernier, on décida de se débarrasser des menus effets personnels qu'il avait laissés dans un coffre au grenier de la maison de son frère, au cas où... Et comme par hasard se trouvaient au fond du coffre quelques petits Guillaume qu'Adelme conservait probablement pour les mauvais jours, on décida de leur réserver le même sort que les menus cossins.

C'est ainsi qu'après la grand-messe, on descendit le coffre de cèdre du grenier pour le brûler dans le jardin, en même temps que la mauvaise réputation ayant éclaboussé la famille pendant des décennies. Il était déshonorant d'avoir un quêteux dans la famille et, question de racheter la descendance, vaut mieux avoir un ministre, dût-il être sans portefeuille.

Heureusement pour moi, la bru allait saluer les beaux-parents chaque dimanche après la grand-messe, et elle arriva au moment où l'on s'apprêtait à enflammer sa mémoire en friche. S'approchant du bûcher, elle aperçut, à travers des guenilles, les petits Guillaume cul par-dessus tête. Comme elle avait étudié l'ethnographie et qu'elle connaissait la valeur des petites choses qui finissent indubitablement par faire les grandes, elle demanda la permission de conserver les petits danseurs articulés, gossés jadis à la veillée. Faveur qu'on lui accorda sans trop comprendre pareil embarras d'une femme que l'on avait cru jusqu'alors passablement intelligente.

Heureuse d'avoir pu rescaper trois noyés d'un pareil naufrage, elle se dit qu'elle les porterait à la première occasion au Musée de la Gaspésie pour qu'ils puissent, au fil du temps, continuer de faire danser les siècles de la mémoire collective à la queue leu leu.

Quelques semaines plus tard, elle entendit parler du spectacle-lancement de mon livre et s'y pointa. C'est au cours de l'hommage que je rendis à Adelme qu'elle décida de m'en offrir un, pour me remercier de l'avoir immortalisé, de lui avoir redonné une dignité qu'il n'avait jamais eue de son vivant, sans rien savoir de l'histoire liant mon enfance au petit Guillaume.

D'où mon air sidéré quand j'appris qu'elle ne connaissait pas les détails de l'histoire.

C'est véritablement ce jour-là que je compris quelque chose que l'on avait vainement tenté de m'exposer à quelques reprises et qui ne semblait pas du tout m'intéresser, car je n'étais vraisemblablement pas encore rendu là dans mon cheminement, à savoir que la loi du retour existe bel et bien. J'en avais cette fois la preuve sous les yeux et ne pouvais réellement plus en douter. Par la suite, j'en eus encore la preuve à maintes occasions, par différents signes qu'il faut apprendre à déceler.

La leçon qu'il m'en reste, c'est qu'il faut demeurer authentique, avoir des gestes gratuits, envers et contre tous, contre vents et marées, s'il le faut, continuer de faire sa propre trace qui suit rarement celle des autres. Il faut habiter son rêve sa vie durant avec ses yeux d'enfant, ne jamais laisser un gérant de banque hypothéquer ce rêve, savoir qu'il n'appartient jamais qu'à soi-même, entre la chair et l'âme de sa quête d'absolu.

14
Le pays par-devant

Gaspésie à venir...
Ma farouche, ma souveraine
Sache que je te porte en moi comme ultime patois
Que je continue même de loin
D'habiter la chair de tes mots
L'effilochage de ta parlure
Pour mieux te dire encore
Comme dans l'ailleurs de soi
Au plus de gens possible
Moi, le déraciné de l'intérieur
Occupé inlassablement à refaire
Le voyage du sang dans mes veines
Le seul qui vaille la peine
Gaspésien parmi les Gaspésiens du monde
Gaspésie à venir...
Sache bien et pour toujours
Devant témoin s'en faut
Que je te porte et porterai
En mon ventre d'errance
Jusqu'à te chanter sans avoir l'air...

Eт DEPUIS, le pays, par-dessous joue de la cuisse, montre la joue.

J'ai eu l'occasion de l'arpenter de long en large, ce pays par trop merveilleux, malheureusement encore occupé à se chercher une raison d'être.

Alors qu'il est le poumon même du Québec, la respiration haletante remontant le fleuve jusqu'en ses destinations mémorables par la baie de Gaspé ouverte à toutes les découvertes.

Car c'est bien lui, le vieux pays de Gachepé, qui nomma la démesure dont on se réclame encore, de Gros-Morne à Ottawa, à cor et à cri, comme si cela n'allait pas de soi. Comme si les marées, dans toutes leurs séculaires rédemptions, n'avaient de cesse de marteler la mémoire des naufragés du *Karrick* sur les caps de Rivière-au-Renard, des clandestins échouant leur destin à même la sevrance du miquelon des contrebandes, des Indiens contestant la croix de Cartier avec raison, de la mémoire à venir ourlant de laine les falaises frazilleuses d'entre Toussaint et Chandeleur à terre des Maritimes, amer chargé de rentrer au port les navires délestés d'autonomie séculaire.

Il est beau ce pays échoué à 300 lieues de Québec. La Gaspésie survolée à vol d'oiseau ressemble tout à

coup à l'une de ces baleines à bosse de sur l'empremier, que les Français pourchassaient jusqu'à la gueule
du golfe pour leur huile chargée d'alimenter les réver-
bères des rues de Paris, jusqu'à l'épuisement de la
ressource.

Comment douter dès lors du parallèle historique
reliant le vieux continent au Nouveau-Monde, la Ville
lumière à l'époque de la grande noirceur québécoise et
péninsulaire...

Comment douter un seul instant de l'effet des vases
communicants, retrouvés au ventre des épaves du
Machault et du marquis de Malauze quelques siècles
après la non moins célèbre bataille de la Ristigouche
devant sceller à tout jamais le sort de l'Amérique française ?

Et que dire des falaises de Miguasha ? Tenancières
de tant de secrets, buveuses de civilisation, portant en
leur ventre de terre rouge le secret des migrations, le
mystère du poisson-loup, la mémoire du cholécante, ce
poisson retrouvé sur les côtes du Mozambique dont
serait supposé descendre le Gaspésien d'aujourd'hui.

Gaspésie d'hier et d'aujourd'hui. Pays engendreur
de continent par qui une lignée de descendance
engendra la Nouvelle-France.

Gaspésie qui n'en finit plus de porter sa croix,
depuis Pointe-Navarre jusqu'aux statuaires de Sainte-
Flavie. La grande procession n'en finissant plus de se
remettre au monde, en question, en vie, en bouche,
pour nourrir à jamais l'imaginaire et la petite histoire
d'un grand peuple venu de la mer pour bâtir pays...

De tes rives océanes aux hanches de tes barachois
limoneux, en passant par l'échancrure d'en bas de Paspébiac, par les pommiers surets d'audace et d'amour
des côtes à Bonhomme, de la route du Chômage du

côté de Saint-Ulric, par le chemin du Péché Mortel menant tout droit au sanatorium de Mont-Joli. En passant itou par les concessions et la route de la Gouèche, le rang de Brise-Culotte et toutes les routes à moumounes chargées de nous mettre au monde, je n'en finis plus de me surprendre de toi. Ma courte honte finissant de me remettre au monde cul par-dessus tête, comme dans les greniers étroits d'autrefois fleurant la boule-à-mites de nos survivances grégaires d'entre flanelle et porte de grange.

Gaspésie, ma trop belle amitié, mon grain de beauté authentifié à même les greffes des gerçures de mon âme océane. Je t'aime à tous les temps.

Je t'aime avec tout le mystère de ton passé en friche, de ta mer poissonneuse, de tes terres en bois deboutte et de tes forêts de pins rouges gréant de mâts l'armada de l'Europe du xixᵉ siècle, depuis la rivière Bonaventure jusqu'aux fosses à saumons hypothéquées pendant des siècles, mouchées sous nos regards errants par les Américains de nos répressions collectives et historiques.

Je t'aime pour le passé écrit sur les ardoises de tes mines à ciel ouvert, mortes de leur belle mort bien avant que de naître. Pour ton ventre ferrailleux, ton bassin cuivré de grévistes des babelles syndicales des premiers temps de la colonie à fendre dans l'écorce sous la hache duplessiste.

Pour tes forêts giboyeuses chargées de garder ta descendance vivante, à des siècles de misère de la mère patrie, pour ta durance de folle avoine, le foin fou de tes battures fourrageant l'écume réparatrice. Je t'aime pour ta patience sevrée, ta bagosse bienfaisante capable de survivre à tous les abandons, toutes les invasions, toutes les mises à sac des conquérants mystifiés.

Je t'aime au passé simple, au plus-que-parfait, au futur intérieur. Je t'aime au subjonctif du temps présent avec beaucoup de « que », les mêmes qui ont toujours précédé les queues de poissons nous ramenant autour de la tablée maigre des vendredis saints de nos péchés désamorcés dans le « fanil » des fenaisons copulatoires.

Je t'aime avec l'esprit de famille du cap Bon Ami, de Cannes-de-Roches où Ti-Loup, depuis sa partance apprivoisée, s'entête désormais à entonner par-dessus les nuages la chanson de geste qui servira à nous nommer dans les siècles de nos éternités de mangeux de morue, réinventées pour la circonstance dans l'anti-chambre d'un moratoire chamoiré de vraisemblance.

Je t'aime, ma Gaspésie d'autrefois, de jadis, d'hier. Tu m'es frimas, péché, prière. Je me garde sur ton sein. Ton tétin ourlé de dignité des sevrances d'un pays sorti de la mer à force de croyance et de vaillance me lave à jamais de petit lait, me guérit des saumures assez fortes pour faire flotter la patate dont dépendait notre survie, dont dépendra encore aujourd'hui, Gaspésie, ma trop belle amitié, notre survie. Notre mémoire collective est démembrée comme notre petite histoire du Canada, toi qui te souviens trop bien, Gaspésie à venir, de ce que voulait dire « Canada » sur l'empremier. Mot né d'une corruption... des expressions espagnoles *el cabo de nada* (le cap de rien) et *aca nada* (rien ici).

Voilà pourquoi, encore aujourd'hui, nous cher-chons à même l'écume des marées courtisanes notre identité profonde comme la source des eaux.

Je t'aime, ma Gaspésie d'aujourd'hui, occupée à te chercher une job, à coller dans le grand album chôma-gier les timbres de Noël de ta prospérité vacillante, à te remettre debout à grands coups de « plasters » sur tes jambes de bois frappant des nœuds, menaçant tes racines planétaires du mal de mer des eaux crevées de tant d'incertitude polluante, mazoutée de purgatoire et d'enfer fourchant le charbon du racisme contagieux.

Je t'aime, te le dirais-je jamais assez? J'en ai bien peur, moi qui te dois la vie, moi qui n'ai de cesse de te dire et te nommer au plus de gens possible, en remettant cent fois sur le métier l'accent de mes harangues sans manigots ni politesses, à grands coups de picasses et de ratures, dans le rinquier de la batture à Minique dégorgeant les beaux gros coques bleutés des samedis saints de nos petites enfances heureuses et méritantes.

Je t'aime pour la misère que tu m'as donnée. Pour le combat quotidien qui fait de moi, sur les marchés éditoriaux de la métropole galvanisante, le colon qui débarque, le porteur d'idiome, de périphrases, le pince-sans-rire des humiliations de mon peuple, l'éreinté des vigneaux de la tradition, le concessionnaire d'un accent dépassé par les événements de la Chambre basse sevrée en chaise haute, pour ne pas pousser l'effronterie jusqu'à dire la couche chaude.

Je t'aime parce que tu sais toujours me ramener sur le chemin de mes désirs lointains, autrement dit pour ton effronterie coriace. Pour ta grande naïveté qui fait que tu n'as pas peur de faire rire de toi, qui fait que je n'ai pas peur de faire rire de moi, qui fait en sorte que je n'ai jamais rien eu à vendre. Je t'aime parce que de toi j'ai appris la gratuité d'être, de dire et de nommer, sans jamais faire de concession sur le temps et la façon. Moulé en tes chairs, je me permets de rester le mal dégrossi de service que l'on n'attendait plus dans les salons miteux de Westmount et d'ailleurs. Et si tu savais le bien que ça me fait! Si tu savais le bien que ça me fait... Ne serait-ce que pour cela, je te serai toujours redevable. Puisse le langage et la raison m'accompagner tout au long des chemins de ta maison menant tous au rhum des prohibitions testamentaires. Au dernier vivant, grand bien lui fasse! Responsable et solidaire... Comme si l'un n'empêchait pas l'autre...

Je t'aime pour tes villages engloutis, mamelles de survivance, seins nourriciers, depuis Saint-Thomas-de-Cherbourg en passant par Saint-Louis-de-Gonzague, Saint-Louis-l'Évangéliste, Saint-Jean-de-Brébeuf et Saint-Octave-de-l'Avenir, fils de grande dépression et de colonisation morts de leur belle mort dans la fleur de l'âge, fauchés par le virus du BAEQ visant à fermer les villages de l'arrière-pays de Saint-Octave-de-l'Avenir à Saint-Fidèle et engendré par l'ignorance d'un gouvernement veule, marchant à côté des souliers de l'histoire qui l'aura dans la mâchoire longtemps, œil pour œil, dent pour dent.

Je t'aime, et je t'aimerai depuis Baie-des-Sables jusqu'à Cap-aux-Os, où le sablier de l'histoire rejoint l'écho, depuis Tracadièche et le Grand Dérangement jusqu'à La Martre où prennent naissance les vestiges de nos membrures de calcium, à même les fouilles archéologiques de notre ignorance collective et rédemptrice, depuis Lac-aux-Saumons où les trottoirs de bois mènent tout droit aux chantiers pouilleux, depuis la Salmonie où les muses finissent d'engendrer la part des anges en écrivant entre les lignes la belle histoire que nous n'attendions plus.

Je t'aime de Val-d'Espoir à Percé où les caps lissent les ailes des fous de Bassan à même la fiction du rocher retournant à la mer d'un calendrier à l'autre, des tonnes de pierres par-devant l'île Bonaventure, passé le pont de glace des marées de frazi consentantes.

Je t'aime car je ne saurais faire autrement. Rien en moi ne t'est étranger. Jusqu'à mon souffle qui me parvient grâce à ta respiration de vent d'en bas. Celui-là même qui fait que l'on se gèle le cul huit mois par année, qui ravive les cellules, celui qui nous conserve...

Je t'aime de Nouvelle à Pabos, de Petit-Cap à l'Anse-à-la-Barbe où le poème rejoint la bohème des oiseaux de passage par-dessus Tourelle et Val-Brillant d'entre angélus et chapelet en famille.

Je t'aime de Mont-Louis à Shigawake, en toutes tes rondeurs et tes provenances, pour ta langue de côtes qui nous identifie quand l'ignorance ou l'effronterie nous pousse à jouer dans le trafic.

De Routhierville où le diable mène la danse jusqu'à Sainte-Félicité pour des raisons tout autres, tu l'auras deviné.

Mais je t'aime aujourd'hui avant tout d'amour et d'avenir. Toi, la fiancée du pont Branlant, chargée de nous faire traverser la rivière menant au cœur de nous-mêmes.

Je t'aime pour ta soif de démesure, tes appétits de maigrasses finissant toujours par se contenter de la ralingue du conflit, pour tes culottes en bas des fesses et tes chansons de cow-boys faisant inévitablement le tour de la montagne, le lasso entiché de Chic-Chocs, loin par-dessus le gîte du Mont-Albert où les caribous finissent de cartographier le territoire à même la mousse de la toundra de nos rebelles mémoires.

Je t'aime pour l'insoumission qui a fait de toi ce que tu es, envers et contre tous, contre vents et marées.

Je t'aime des Méchins à Saint-Georges-de-la-Malbaie, de Cap-Chat à Capucins, d'Escuminac à Haldimand, des Boules à L'Anse-Pleureuse, avec toute l'émotion que requiert une telle appellation contrôlée et si peu

contrôlable, de Coin-du-Banc à Grand-Métis, où la fleur
de lys parfume l'inaltérable, de Marsoui à Mont-Saint-
Pierre, où tu prends vraiment ton envol planétaire pour
me rejoindre et m'esbaudir où que je sois, de Newport
à Padoue, de Petite-Vallée à Pointe-à-la-Croix, où le
père Nouvelle fouille la margelle des rémissions de fort
Lustigi, de Pointe-à-Fleurant à Saint-Zénon-du-lac-
Humqui, où le violon d'Édouard racole l'arc-en-son de
l'arrière-pays en chassant les mouches noires à grands
coups de quadrilles et d'archet, de bastringue et de
souliers ferrés.

Je t'aime aussi pour la poésie de tes lieux-dits refai-
sant l'histoire le long de mes chemins d'enfance sen-
tant bon le lupin à rosir, la marguerite à fleurer, le
pissenlit à lamper entre matines et attisée, la fardoche
et la friche des terres retournant à la mer se frayer un
chemin dans le sillage des caravelles remontant le
fleuve de nos épopées de vaillance, goûtant fort le sel
des survivances couennées de lard et de petites patates
bleues comme un ciel de promesses d'élection.

Je t'aime pour tes buttes et tes vallons, du Trou-à-
Balles à Avignon, tes barachois, tes marécages, de
Fauvel à la Pointe-aux-Sauvages, pour tes écorçures et
tes racinages, de Hope Town à la Côte-à-Paillasse, pour
ton teint cuivré d'entre Sainte-Anne et Gaspé, ta cervelle plombée et ta verge d'or de l'Anse-à-Blanchette au
Pic-de-l'Aurore.

Je t'aime pour tes ridures, tes grimaçages rondissant
le paysage sans jamais tourner le dos à la mer, de l'Anse-
aux-Corbeaux au Cap-de-l'Enfer fourchant l'éternité de
ta déroute, je t'aime pour l'œil perçant de l'enfant de
mes petits-enfants logés dans le regard de l'ancêtre,
gardien de phare de génération en génération, chargé
de garder allumée la flamme vacillante de nos doutes

d'autonomie comme autant de lampes de sanctuaire de l'Anse-à-McInnis à Coin-du-Banc et du Ruisseau-à-l'Ail à Pointe-à-la-Renommée, où Marconi continue de nous dire aux quatre coins de l'univers.

Je veux surtout continuer de t'aimer, ma belle, d'amour et d'amitié, dans le respect de nos libertés vitales et identitaires, je veux t'aimer *rebelle et insoumise* Gaspésie, ma terre promise non plus soumise mais missive... porteuse de bonnes nouvelles de sur l'empremier ressoudu, des cales de navires trouées de scorbut aux chansons de la marine à voile.

Je veux pouvoir t'aimer longtemps encore après mes partances glacières, de l'autre côté de mes avant-vies, pour mieux te garder sur mon cœur, vivante et rebelle au chaud de mes mots désemmaillotés de sevrages galactiques, de mes écritures suant l'eau et le sang des rémissions de mes doutes passagers, je veux t'aimer dans toute l'insoumission de ton appellation pour te survivre jusqu'en l'hémisphère nord de ton magnétisme de compas me ramenant irrémédiablement à toi.

T'aimer à la largeur de tes deux bras ouverts, rejoignant le ciel et la mer au fin bout de mes yeux usés comme un grand livre d'histoire n'en finissant plus de se faire, de se défaire, de se refaire à même le jeu des marées frémisseuses du limon de l'aventure.

Gaspésie *rebelle et insoumise*, je choisis de faire côte ici, entre le large et la grave, roule-moi dans ton salange, échoue-moi où tu dois.

Merci pour la traversée, je la voulais à ton image. Tu ne m'as point déçu.

Continue ta bourlingue, de la gueule du golfe au sortir de ses gonds, à essoucher, à labourer, à décrocher les falaises de Miguasha la savante qui continue de nous garder au chaud de ses secrets, ombilicalité pierreuse et si nécessaire aux avants autant qu'aux après.

Continue d'engrosser la Matapédia, le ventre des frayères en a besoin pour saumoner l'émotion de nos laitances de pleine lune.

Continue de couler dans nos veines, de nous voir naître avec l'eau salée autour du cœur, de nous garder vivants au chaud de ta durance, jusqu'à te remettre au monde d'entre le verbe et le patois de nos amourachures de canicules et de frimas.

Bibliographie

BÉLANGER, Jules, Marc DESJARDINS et Yves FRENETTE (avec la collaboration de Pierre Dansereau), *Histoire de la Gaspésie*, Montréal, Boréal Express, Institut québécois de recherche sur la culture, 1981.

CARTIER, Jacques, *Récits de mes voyages au Canada* (1534-1535-1540), textes et documents retrouvés, Montréal, Éditions Pacifique Saint-Laurent, 1984.

DUMAIS, Joseph, *Le capitaine malouin Jacques Cartier, découvreur officiel du Canada*, Montréal, Éditions du quatrième centenaire, 1934.

Gaspésie : une histoire de mer, Gaspé, Musée de la Gaspésie, 1987.

« Spécial Gaspésie-Acadie », revue *Gaspésie*, juin 1992.

« Le Québec de la mer », revue *Gaspésie*, septembre-décembre 1991.

Table

CET OUVRAGE
COMPOSÉ EN NEW BASKERVILLE CORPS DOUZE SUR QUATORZE
A ÉTÉ ACHEVÉ D'IMPRIMER
LE DIX-HUIT AOÛT DE L'AN DEUX MILLE
PAR LES TRAVAILLEURS ET TRAVAILLEUSES DES PRESSES DE
MARC VEILLEUX IMPRIMEUR
À BOUCHERVILLE
POUR LE COMPTE
DE LANCTÔT ÉDITEUR.

IMPRIMÉ AU QUÉBEC (CANADA)